U0038553

我 們 的 女 食 故 事

為妳煮食

陳儀芬

著

三民書局

緣起

阮理瑛／和信治癌中心醫院
大健康中心副主任暨
一般內科內分泌新陳代謝科資深主治醫師

　　我是在診間認識儀芬的，當時她是為了控制糖尿病來看診。第一次看診，從對談中知道她是一個對身體症狀觀察入微、思緒清楚、能完整告知疾病過程的病人，看診即將結束前，她提出「我是胰島素缺乏還是胰島素阻抗」這個艱深的問題，我好像突然被老師出了考題的學生，雖然有點措手不及，好在也中規中矩的回答了她的問題。這次看診，留給我深刻的印象。之後在門診見面，她總是仔細遵照醫囑服藥及記錄血糖，條理清楚的跟我討論血糖控制，後來甚至提出打胰島素的要求。打胰島素是所有糖尿病病人避之唯恐不及的話題，儀芬卻主動和我討論，當時我非常佩服儀芬的智慧與勇氣，也發現，她是一個重視理論與實踐、講求證據、即知即行的病人。後來才知道，儀芬的專長涵蓋符號學、文化現象與性別研究，相關論文著作非常多。「難怪，邏輯條理分明」我心裡想。

　　跟儀芬熟識以後我才知道，第一次來看診的時候，她正處於母親過世的憂傷當中。我很驚訝，當一個人這麼哀傷的時候，仍然願意用心照顧自己的身體健康。儀芬說，「我答應母親要好好照顧自己。」因此，即使醫學並非專長，她徹底運用研究能力，從了解糖尿病的成因開始，弄清楚藥物控制血糖的方式，同時也發現食物對

血糖的巨大影響。也因為這個契機，開啓了儀芬對於飲食的研究。

　　談到飲食，有些人會回憶起小時候母親煮的家常菜，有些人會想到飲食與身體健康的關係。現代營養學將食物內容分解為澱粉、蛋白質、脂質等大元素，十足科學，但古早時代的飲食，是否就只是代代相傳的傳統，沒有科學根據？飲食看似日常，我們每天都在吃東西，很少人會想到它其實是一門醫學、營養學與社會文化揉雜的深奧學問。儀芬於博士班期間，修習文化傳承、保留與創新的學問，因著對母親的思念，加上性別研究的底蘊及對飲食的深厚興趣，成為她博士論文的好題材。

　　本書為儀芬改寫她的博士論文而成。當中，儀芬藉由爬梳大量史料、透過現代的研究方法，告訴讀者為什麼大家回憶起的常常是「母親」而不是「父親」的家常菜，為什麼煮食這個家務總是由「女性」而非「男性」執行。飲食內容與操作的文化意涵，只要拋開「理所當然」的思維，很容易發現男女有別的痕跡、男尊女卑的證明。另外，自古就存在藥食同源的概念，傳統菜色中有很多專為女性設計的食譜，用來調理生育期婦女的身體；對於更年期後的女性應該怎麼吃，卻避而不談，隱含的意義耐人尋味。從性別/醫學/營養學/社會文化的現代觀點，看一代代傳承下來的飲食文化，不難發現傳統飲食觀念多少有著不合時宜或謬誤之處；活在這個時代的女性，難道要對傳統照單全收？儀芬在她的研究裡面記錄了與許多不同年齡層女性的對話，從對話當中發現，飲食概念隨著時代變遷而不同，也就是飲食雖有傳統，也不會一成不變。那麼，到底「女食」

是什麼呢？「女食」會怎麼發展？書中有著精彩的論述和動人的故事，不管讀者是各領域的學者專家或只是一般小說的愛好者，都能各自獲得啟發與感動。

　　身為儀芬的主治醫師和另外一半的我，我們的「女食故事」，常在日常對話中展開。我跟儀芬分享現代醫學營養學的知識，儀芬則用漢醫五行的概念回應我的話題，討論完之後我們一起思考最近的身體狀況、節氣，適合吃什麼食物，從傳統的料理如麻油雞，到各式創新的菜色，都會在我們家餐桌出現。在日復一日的飲食之中，我們親身參與了「女食」的傳承（回憶）與創新（展望），我想這也就是儀芬書寫這本書的初衷，冀望「女食」文化可以永久流傳，與時俱進。

喚醒每個人忽略與遺忘的「女食」故事

彭俊亨／臺灣生活美學基金會董事長

　　我眼中的儀芬聰慧過人，飽覽群書，有深厚的學術背景與宏觀的研究取向。但她從不掉書袋囿於西方理論，多才也不流露優越感。是一位平實認真而帶有慧心巧思，又時不時帶著幽默和自嘲的知識人和生活家。對曾經是課堂上的學生能有這樣的認識，是緣於過去每週課後，深夜搭儀芬的便車轉乘捷運，在車上她總是以很短的時間，用很快的語速，向我抒發研究創見和生命經驗，一學期下來，從她身上學習到的比我能教她的更多。她也不吝經常展現她的油畫創作（和文字一樣，產量豐富），呈現出優雅、自信和多樣的繪畫風格。從構圖、筆觸、明暗、色調、厚薄和光影的變化，看出她的敏銳觀察力和感受力，每件作品也映照出喜樂悲苦的心情跌宕轉折，透過繪畫轉化研究書寫的壓力而成為靈感和助力。有一回她又欣喜分享新的畫作（〈瞬〉），賞析畫中流露雲開月出自分明的暢快光采，令人會心與共鳴。為此，私訊叮囑她照顧好自己，身忙心不忙，果不其然，如我所思，她即回覆剛完成論文初稿的訊息給我。在生活中，將繪畫和書寫看似兩件相異的事巧妙結合，相互涵融，呼應成趣，博士論文就在文字與繪畫交織中於焉誕生。

　　儀芬自述「承繼的不僅是母親生理的基因，更是會影響我一生的文化基因」。從「獻給我的母親」的願心為開端，這本《為妳煮

〈瞬〉

食：我們的「女食」故事》是作者前後鑽研「女食、性別、文化資產、文化論述」等議題多年，設定跨域的研究議程，如實面對生命歷程和體驗，反思所感的書寫，將博士論文的研究成果分享大眾，令人欣慰，實是讀者之福。作者追思往昔，在悠長年月中，歷經過去與母親爭執的冰釋、親人離世悲傷的撫平，以及自身病苦的承擔，隨順一切緣起，以正念思考，將「母親的菜是一種銘心刻骨的想念」，

藉傳承烹調「母親的味道」的儀式做為對故人的思念與紀念，更將其轉化爲研究的動力與文化論述的基礎。對我這樣與作者亦師亦友的生理男性而言，平常就是家中煮食勞務的主體，打破僵化生理性別界限或是家務分工來思考，日常已走在作者所敘「以分享、共食與相聚的喜悅爲鑰」的道路上，爲家人煮食，照護妻女健康，生活中實踐「讓烹飪成爲個人與集體創意的行動展現」、「讓飲食成爲當代情感交流的溝通場域」，別有同感和會心，也是作者邀請爲序的主要原因吧。

儀芬嫻熟理論與駕馭文字的造詣深厚，研究內容豐富，圖文並茂，活潑生動，讓讀者在思辨理論及論述分析的同時，也珍惜回味「母親的菜」，彷彿喚起被忽略被遺忘的每個人「女食」故事與文化集體記憶。這本書不僅是微觀的生命感懷爲起點，作者更從社會建構論的觀點，提出建構兼具「當代性」意涵、展現「政治性」企圖，與擘劃「資產性」策略特質之臺灣當代「女食」文化論述。特別是作者對於飲食作爲無形文化資產論述的洞見和提醒，避免保護、保存飲食文化遺產之目的與初衷變調，與國際趨勢與案例相比較借鑑，討論辯證「臺灣是否應該接軌國際飲食申遺路線」，可謂用心良苦，特別指出「輕易就被操弄成爲一種值得懷念的過往，甚至是應該『保存』的『傳統』。而以經濟利益爲考量的產官學合作遺產經營計畫，恐怕也不會多去思考這樣的資產論述建構，可能對文化或文化遺產帶來什麼負面影響」。爲了「讓臺灣『女食』文化成爲潛力項目，登錄世界飲食文化遺產做準備」，作者更認爲臺灣要從

建構內部論述與認同本土飲食文化做起，從而建立國族自信心。最後並提出具體的政策解方與建議，更可以看出作者關懷時代的心血和功力，尚請讀者參看。

　　這本書值得關心性別議題與無形文化資產保存的朋友閱讀，透過儀芬深入淺出的生花妙筆，無論是對於「女食」文化和藥食同源知識的當代反思；或檢視傳統漢醫婦科學與現代婦科醫學對於女性健康知識體系的建構，更年期醫療與飲食規劃的研究；或對於臺灣「女食」文化保存的策略思考，維持「女食」生產與消費的分析。本書引領讀者進行跨學科的對話，進入批判性或創造性的閱讀旅程而得到知識的啓發。

　　是爲序。

重新定義自己的生命史

林芳玫／臺師大臺文系教授

陳儀芬博士將其博論改寫成《爲妳煮食：我們的「女食」故事》，不但富含學術理論的闡述，更從常民生活經驗與自身與母親情感關係著手，探討女性從事傳統性別角色分工下，屬於女性職責的煮食活動，如何由傳統對女性角色的限制而在當代脈絡下反而成爲女性賦權的方法。作者儀芬文筆流暢，用詞遣句具有飽滿的詩意與感情，以此方式帶出學術理論，讓讀者一點也不會覺得學術理論枯燥難懂。本書探討女性與烹飪的關係，臺灣飲食脈絡中藥食同源的傳統、再進而論述聯合國文化遺產計畫對世界各地飲食與國族認同的關係。

本書一開始就是極富感性的個人告白：作者於母親過世後於日記上，書寫少女時期以來的母女衝突與糾葛，隨著母親過世，童年溫馨的回憶湧現心頭，作者在數年內從思索母女關係，進而探討母親如何透過煮食傳遞對女兒的愛，卻也因爲女兒在大學時期受西方女性主義影響，對傳統性別角色充滿質疑，也讓母女親情產生變化。作者的書寫位置是學者，更是女兒，以及反思母女關係後重新出發，以煮食的行爲來重新界定當代社會的女性自我。因此此書不但有對飲食傳統的發掘、再詮釋，更有當代情境女性自我賦權的實踐策略。

作者從各種文獻追溯中華飲食的傳統，並論證傳統乃是不斷地

被發明而產生變化與發展，在此變化生成的傳統中，作者可以對應自身的生活經驗：飲食的活動與內容，藉著重複運作（類儀式的日常煮食勞動），由社會群體成員（一代接著一代的臺灣女性）依著潛意識運作，漸而隱約地透過記憶與潛移默化的方式，成為大家理所當然的傳統。而這個傳統的特色之一，就是藥食同源，以食物及中藥一起燉補，讓懷孕、產後、哺乳的婦女得到更多營養。但是這個傳統未顧及停經後更年期婦女的飲食，顯現飲食傳統下，女性的角色集中在生養後代，自身的生命周期變化並未受到重視。

作者文筆極富文學性，由日常生活中的自我如何受經典文學召喚而引發對飲食文化的探索。普魯斯特在《追憶似水年華》有一段著名的插曲：敘事者經由聞到瑪德萊娜糕點的香味，瞬間誘發記憶。作者於 2014 年被醫師診斷患有癲癇後，認為瑪德萊娜片段，其實是一次又一次的小型癲癇發作，那是電流通過的感覺，全身酥麻，然後聽覺、味覺產生變化，進入另一個時空。當一幕幕與死亡相關的視覺影像產生時，作者感知這是悲從中來情緒的滿溢，而失去母親的悲痛，催促她起身去烹煮一道道照顧好自己身體的菜餚。女性的煮食行為不一定是餵養下一代，也可以是反向追憶與修補母女關係，藉由煮食向母親致敬，並因此而更加珍愛自己。

作者經由一系列訪談，發現受訪者女性認為以前煮食是責任，現在則期許女性因為喜歡、因為樂在其中而烹飪。這些訪談讓作者反省自己年輕時因為受西方女性主義影響而對傳統女性角色滿懷憤慨，如今她可以望向更遼闊的視野，讓煮食從勞務責任的範疇解放

出來，將料理視爲自我與他人的對話，讓烹飪成爲美學與創意的展現，幫助作者從過去的自我懷疑走向自我肯定。這樣的觀點相信也能激發讀者，從烹飪中重新定位自我與他人的關係，在日常生活中實踐自我賦權。

本書始於母女關係的回憶，落實於作者的日常生活，更從宏觀層次探討飲食在聯合國文化遺產論述中所扮演的角色，參考各國遺產論述策略，重新爲臺灣的「女食」文化傳統錨定其「保存價值」與「保存方式」，對內凝聚國族認同，對外以申請登錄世界飲食文化遺產爲目標，並提出具體的政策推動與執行建議。

儀芬在此書將學術論述、個人生命史、女性勞動結合起來，並對女性主義在自身的銘刻進行深度反思，反轉女性必須爲家人煮食的義務與宿命，讓「女食」成爲創意的展現。這本書具有高度閱讀性，也引導讀者一起重新定義自己的生命史。

動人又精彩的普魯斯特時刻

余貞誼／高雄醫學大學性別研究所助理教授

我想很多人都有經歷過普魯斯特效應的時刻。

透過某種感官湧現一種感覺，感覺連結到腦海中的一個畫面，接著勾連起相關的記憶。如嗅聞到木製衣櫃的潮濕氣息，連結到了奶奶房間的專屬氣味，就串連出小時候回鄉下奶奶家的暑期記憶；飄過某種古龍水的味道，像是叔叔身上的體香，就想起青春慘淡時光中，唯一的樂趣就是坐上叔叔的車去城裡打電動；在某間早餐店裡吃到了帶有甜味的蛋餅，味覺在口中繚繞時，就好像轉動了棉花糖機，串出了一整坨蓬鬆如雪般的童年記憶，那是在保母家，嘴饞吵鬧時她會煎出的香甜蛋餅，甜的還是那被寵膩的滋味。

閱讀儀芬的《爲妳煮食：我們的「女食」故事》，也像是看見了她的普魯斯特時刻。從烹調母親的味道，感受那道菜的口味及其串連的場景，不僅重新看見飲食傳療效與承情誼的文化與記憶，更從中理解／和解了過往與母親、與自我的疏離，而重新建構出新的主體，也架構出新的框架去「記得」(remembering) 和重新詮釋過往的回憶。

動人的是與自我的和解，但精彩的也從未只停留在私記憶的書寫。此本書寫作的根底是學術論文，因而其訴求的是知識的論證與累積。在儀芬時而憶往的私密書寫和時而闡述的公共書寫中，在

時而意識流的淙淙和時而論述性的縝密中，這些雙重特性的不斷交錯，會讓人在閱讀初始隱然疑惑其寫作的企圖和邏輯，但愈往深處走去，就能逐漸明白，儀芬想要做的，是去體現私人記憶與公共資產的交錯融會。

　　私人敘事在各種特屬經驗與主觀詮釋的表層下，從未僅是私人的。我們如何體驗世界、如何詮釋經驗、甚或如何再現記憶的內涵，都是交織在公共的結構、制度、文化與價值意義的網格中。賴特·米爾斯 (C. Wright Mills) 以社會學的想像 (Sociological Imagination) 來描繪一種將個人處境關連到較廣大的社會和歷史場景的能力；亦即去看見個人生活模式和世界歷史軌跡之間的微妙接合，並藉由將自己的經驗定位在社會制度和歷史進程間，而得以穿透個人的視野，去理解自己的經驗從何而來，且能如何蘊積期盼它往何處去的目光潛能。

　　「女食故事」也具有社會學想像的企圖。儀芬透過一個個將「女食」烹煮座落在歷史文化情境中的故事，帶領我們看見「女食」是如何由多個糾纏的符號材料編織而成，且這些重新符號化的過程，如何又是一種身分表現的重要資源。「女食」在社會學的想像裡可以從三種角度切入，一是探究「女食」作為是一種物質性存在，其所映像出的時代歷史文化是什麼？藉由探究「女食」的樣貌，可以帶我們重返歷史，看見個人生活與時代的交織。二是梳理「女食」作為社會建構性的存在，其在實作中生產出的內涵如何隨著情境脈絡而流轉，其所被賦予的意義又如何跟隨著文化價值框架而變動

（如昔日的賢妻良母說，於今日成爲欲脫離的父權綑綁牢籠）。三是以「女食」作爲濾鏡，來分析女食（勞動）實爲一鑲嵌在權力框架，蘊含著性別秩序與治理的實作。藉由這三種「女食」的社會學想像之探究，儀芬帶領我們看見了「女食」作爲一種不斷變動的資產，其穿越個人私密經驗與記憶的表層後，蘊含著什麼樣的社會結構元素，且這些元素又如何在實踐的過程不斷再生與重組，最後嘗試鞏固或重構其所欲維繫的社會秩序，亦即那難以逃脫的父權規範與陰性氣質的召喚。

而更令人玩味與思索的是，儀芬不從巨型理論直截切入，反而帶領我們蜿蜒的從一個個「女食故事」來探看與懷想的寫作策略，會令我想起李歐塔 (Jean-Francis Lyotard) 對大敘事的異議。李歐塔認爲，巨型理論性的科學知識並不是知識的唯一型態，它的正當性是在與另一種知識的競爭和衝突中而取得的，而主宰此衝突結果的是科學社群中的主宰者。在此之下，判斷眞理的權利與判斷正義的權利是相互依存的。換言之，當主宰者認爲巨型理論的知識才值得相信時，以他種知識型態──敘事知識──爲依歸的「知者」就會產生異化，認爲自己的知識不重要、不值得累積、也不值得被聽聞，最後就會從歷史中消音，成爲不被記載也不被傳頌的遺失數據。從文化資產保存的角度來看，若在文化中存在此種雙重正當性的問題，就會披露出知識／文化和權力是一體兩面的：誰決定知識／文化是什麼？誰能說誰的知識／文化比較重要，以何者爲天、又把何者踏爲地？

在這個知識定義接近政治治理的時刻，《爲妳煮食》嘗試從更根本的角度來倡議「女食」的地位，賦予故事作爲傳達與體現社會文化精神的正當性，讓我們透過一個個活靈活現的故事獲得了可感覺的實在性，來體悟與察覺其中所蘊含的結構與理論意義；重寫「女食」等同於私領域、次要、無酬的價值定位，嘗試在「女食」所鑲嵌的性別意識、文化框架與權力關係之中，找出鬆動甚或翻轉其中的日常實作可能；凸顯普魯斯特效應中的感官多重交匯性，體現身體成爲人們經驗、建構與再現世界和認同的本體要素。這一連串打破既有理論／故事、公共／私人、心靈／身體二分的位階，等同於翻天又覆地，讓既有的知識／文化觀，有了重新詮釋與構造的可能性。

這是屬於儀芬、可能也屬於你我的「女食故事」。我相信許多人都能在《爲妳煮食》中找到自己過往的飲食、家庭與認同記憶。用「女食」來建構認同，也就是用「女食」來鬆動並挑戰框限女性行動的權力與價值觀。誰說「女食」的故事不重要呢？它能使人看見過去、重組過去、同時想望一個更進步的未來！

獻給我的母親

目次

01 ／ 為妳煮食

第一章　為妳煮食

　　她這一生和我，像是一對極度相愛卻無法相處的戀人被困在孤島上，當她離開了，所有的曾經都成了思念的串串露珠，掛在我和她曾經劇烈爭吵的那棵大樹下，風吹過來，晶瑩清脆的叮噹聲，有時讓我笑，有時讓我哭。最近，笑的時間多了多。

　　她在 2011 年 4 月去世，那一年的 11 月我在日記裡寫下這些文字，並開始以學術的方式研究她，這個對我而言既親密又疏遠的女性，家庭、事業兩頭燒，戰後臺灣的職業婦女，我的母親。

　　上有三個兄長，我是母親唯一的寶貝女兒、掌上明珠，食衣住行全由她悉心張羅。青春期之前，我們親密得無話不談，打打鬧鬧像極了朋友。然而，她那番女孩子就應該如何又如何的觀念與教條，在我的性別與身體意識逐漸建立後，使得母女間疏遠的裂痕漸成鴻溝。長大的過程中，我總覺得她以華人傳統對於完美女性的想像來要求自己，也試圖將那個傳統框架套用到教育女兒的方式上。在 1980 年代上大學，受到西方女性主義思潮洗禮的我，面對母親時的情緒愈加複雜。一方面悲傷心疼，不捨她以單親的身分兼顧事業與家庭；一方面對於她既是知識分子卻仍服膺傳統父權的作法感到憤怒不已。這個悲憤交加的情緒，卻成為我研究戰後臺灣婦女處境的動能。一直到我完成為了多瞭解母親而執行的研究〈1968–1978 年

臺灣《婦女雜誌》的女性論述建構〉，才驚訝地發現從 1968 年我出生後的十年間，母親在彼時的臺灣政治、社會與經濟脈絡裡，不但兼顧了傳統與現代價值，更是當代主流「理想女性論述」的實踐者（陳儀芬、孫秀蕙，2016，頁 88–93）。也就是說，母親並不全然地如我所認為的那樣傳統八股，相反地，她在三、四十歲青壯時期所展現出來的風華樣貌，說是當年的時代女性絕不為過。她承認男女有別，卻不接受男尊女卑；她自認母性母職為天生，卻不願伺候公婆；她殷殷期盼兒女結婚生子，認為那就是幸福人生，自己卻未在婚姻中如傳統婦女般求表面和諧、忍氣吞聲，毅然選擇離異一途。身為國小教師的她，黎明即起、灑掃庭除；下班之後，浣衣煮食、家務必躬；教育兒女、不辭辛勞。回想起我與母親之間的裂痕，就像是站在 80 年代的女性主義立場，望向對岸那 60 年代的女性處境罷了，不但失去脈絡，也全然不公平。其實，那是女性主義者對父系傳統中對女性壓迫與母職規範的憤怒，交錯了親情的不捨與悲傷，在母女間不斷反覆糾葛的結果。

母親在事業上是一位成功、自信的女性，但她卻希望我能溫柔婉約、鋒芒盡收，找到會疼愛、照顧我的好歸宿，別像她那樣辛勞養家，但又同時要求我有份好工作與穩定的收入，受人尊重。在我成長的過程中，她那些所謂可以吸引異性的女性特質及其外顯方式，每每是我們爭執的導火線。「不願意像母親那樣」的食衣住行、舉手投足──我的叛逆──就像蹬下那塊教條的踏板，想要藉著反作用力掙脫傳統的引力，卻不知那是母親的愛，永遠會把拉我回來。

　　母親離世後，那教條踏板倏地被抽走，我一腳踩空，墜下喪親痛楚的陰暗角落，而待我走過死亡的幽谷重新爬站起，竟發現自己居然開始不停重複著許多「像母親那樣」的事。是記憶也是懷念，是一座想要回到過去的橋，斷續地連結了我們的過去和現在。我才終於明白，我承繼的不僅是母親生理的基因，更是會影響我一生的文化基因。因著對母親的思念與記憶，在那些重複的事物中，成就了種種與她相關的傳統，隱隱約約。「I am her living legacy，不管我願不願意」，這是 2011 年 11 月那天，我日記裡的最後一句，也是這本書的開端與線頭。

母親的菜

　　親子之間有一種弔詭，兩個主體並存時，就像是因為緊密生活而公轉的同極電子，漸漸充滿了互斥能量。直到分開後，運轉的方向不同了，反而會慢慢產生一種牽引、吸力。不論多遠，總是掛念，即使是天上人間。臺日混血的作家一青妙曾在《日本媽媽的臺菜物語》中，寫過一個「籤王粽子」的段落，回憶她跟母親一起包粽子時，喜歡把鹹蛋單獨包進粽子裡，做出自己愛吃的「籤王粽」，只要能吃到這樣的粽子就會覺得幸運。一青妙的母親會責備她偏食，卻也因此知道女兒愛吃的是什麼。她總在一青妙出國旅行回來時，熱個「籤王粽」給她吃。一青妙在母親過世後，才發現那並不是抽中籤王的幸運、更不是偶然，那完全是出於母親的溺愛。在母親離

世前，那種幸福都是理所當然的存在，甚至是令人想要忘記的瘡疤、逃離的枷鎖：

> 現在回想起來，對我而言，母親的存在就像「瘡痂」一樣……
> 進大學後，我覺得這個瘡痂好煩人，好想早些剝掉它，得到真正的自由，所以只要有長假，我就會一個人到國外旅行。（一青妙，2014，頁142[1]）

這些母女之間的情感拉扯，讓我憶起離家上大學的點滴，還有到國外進修的日子，或是那些為了自己也不清楚的浪漫情懷，背起行囊的浪跡天涯。總是起始於興奮期待，然後輾轉在思鄉垂淚的夜，終究要回到家，吃完母親為我準備的餐點，蜷進她為我鋪好的被褥，安心而幸福地入睡，旅程才能真正劃下句點。周而復始的離開與歸來，像年節慶典的儀式與料理般，重複又重複，直到母親的存在不是理所當然，直到她所象徵的意義開始飄渺、模糊起來，才會驚覺失去，才想珍惜。「……現在卻做著跟母親一樣的事情」，「……我會把我自己做的『籤王』粽子熱來吃」（一青妙，2014，頁145）。在這些不斷被重複的、一樣的事情裡，食物，真的最令人魂牽夢繫。也或者像琦君想起過世的母親時所寫的，「媽媽因為

1　本書以APA第7版為體例，詳閱方式請依內文中所示之作者（年份）至附錄（第286頁）查照。

■ 四物雞湯
（資料來源：作者本人手作拍攝）[2]

外婆過世得早，心中格外思念外婆，所以總喜歡作外婆教她的土菜
……」（琦君，1998，頁64）。在柴米油鹽和鍋鏟間，在酸甜苦辣
的斟酌裡，我深切體會到，母親的菜是一種銘心刻骨的想念。

　　母親的菜是一種記憶，烹調出母親味道是一種傳承，與母親相
關的菜色，成了一種思念與紀念的儀式。而那一道菜母親放了什麼
材料、怎麼調味？母親會在什麼特定的時節、時機準備那一道菜？
卻／確不只是親子之間的連結，而是長期在臺灣社會裡，隱約在父
系傳統結構中，女性以中饋之姿所傳承的文化核心，那所謂老祖宗

2　本書菜色相片皆為作者本人手作拍攝，書中圖片若有其他出處則另加說明。

的智慧。我想起傷風感冒時的那杯熱薑茶，我想起腸胃虛弱時的那碗鹽撒白粥，冬至桌上的湯圓，寒夜裡絕不缺席的十全大補。更有那青春期後，母親才能與我心照不宣的四物燉雞湯時機。這些無不是藥食同源的傳統文化，由母親在生活中實踐而潛移於我的默化知識。

以家族菜餚串起臺南望族點滴回憶的辛永清 (2012)，提到準備祭祀祖先供品時說過：「母親依照祖母口傳，熟記每位祖先的喜好，也會說這道菜是哪位哪位喜歡的，將未曾謀面的古人的事情告訴在廚房裡幫忙的我們」（頁 118）。人類學者張珣 (2007) 透過田野踏查，在飲食性別化的論述中指出，一代接著一代的母親們，利用飲食的形式與內容把種種生活型態、醫藥保健常識、祭祀禮儀文化保存下來（頁 76）。當然，其中免不了的是這些代代相傳的內容，也會有所移轉、挪動。「有時候相隔數代、距離實在太過遙遠的祖先，已經無人知道他們的喜好，這時候便由可能出席的人來共同決定供品」（辛永清，2012，頁 118）。

在這些描述裡，或可見飲食相關文化的代代相傳、些許的偏移甚或轉離，而在實踐的權力面向上，確是握在掌著鍋鏟的女性手裡。深刻而真切，我感受到在臺灣社會文化中由女性主導的飲食傳統運作，從我與母親為起始，與認識或不認識的女性們，以母女、姐妹、妯娌、婆媳、街坊鄰居到現代的網路社群朋友種種不同的身分關係，因食物而發生連結，在歷史的流轉中有斷裂有續接，更在當代的時空下開展成以女性群體為中心運轉的特殊飲食風俗。

飲食風俗研究的啟發

在 1920–1940 年代，由美國農業部贊助，結合了社會科學研究協會與芝加哥大學，由農業科學家、社會學者、人類學家甚至心理學家們組成團隊，為理解、記錄改善偏鄉生活而進行了一項跨領域的「常民」(folks) 研究計畫 (Anderson, 1971, pp. 58–59)。時值二次大戰期間，以芝加哥大學的博士生約翰‧班尼特 (John W. Bennett) 為首的三人，加上哈維‧史密斯 (Harvey L. Smith) 與賀伯特‧派辛 (Herbert Passin) 開始到美國中西部進行區域地理研究，並加上歷史面向針對不同族裔的飲食習慣進行考察。班尼特等人發現，非原住民的美國人 (Anglo-)、德裔 (German-) 與非裔 (Afro-) 這三種族群會高度依賴較昂貴的白麵包、豬肉與馬鈴薯，而非當地取得容易、便宜又營養的魚類。研究結論也指出，比起奮力在自然環境中找到好食物來滿足生理需求，人們更容易被制約在由文化背景所形成的食物喜好與偏見 (Bennett, 1946; Bennett et al., 1942)。「在人類與自然界所供應的食物之間，存在著一個文化審核機制，它會決定、控制人們對於食物的選擇」；亦即，我們必須把「飲食習慣放在經濟與社會系統的文化整體來思考」(Bennett et al., 1942, p. 647)。對應起美國社會學家威廉‧格雷厄姆‧薩姆納 (William Graham Sumner, 2019) 所創的專用術語 Folkways（民俗，或譯民風），班尼特等人也以 Foodways（飲食風俗）一詞來說明，飲食的活動與內容，同樣也會藉著重複運作，像是形成個人習慣般，由社會群體成員依著潛

意識運作，漸而隱約、不知不覺地成為大家理所當然的傳統。「飲食風俗牽涉了族群內部對於食物的概念化建立，包含價值衡量、取得、分配、保存、製作、實用與營養觀念等」(Anderson, 1971, p. 57)。這個飲食風俗研究結果，標示出了「食物」在社會經濟、文明文化中所具備的實質與象徵意義，證明飲食不單純是人類的生存需求而已。這個飲食風俗與文化整體所建立起的連結，也讓眾多學門繼續投入研究，不論是人類學、社會學、文化研究皆然。

就這樣，在這個飲食風俗研究中，我找到了可以對應自身的生活經驗與文化現象說明：「飲食的活動與內容，會藉著重複運作（類儀式的日常煮食勞務），由社會群體成員（一代接著一代的臺灣女性）依著潛意識運作，漸而隱約（透過記憶與潛移默化的方式），不知不覺成為大家理所當然的傳統。」更重要的是，班尼特等人研究中精彩的術語挪用，從「民俗」到「飲食風俗」，也讓我有了創詞的想法，將這個由臺灣女性為運轉中心的飲食文化稱為，「女食」。

「女食」的意涵

1989 年財團法人中華飲食文化基金會（原中國飲食文化基金會）成立，並於 1992 年開始由李亦園與陳奇祿等中研院院士主導，集結出版研討會論文集，並於 2009 年精選研究論文出版全套研究叢書共十冊，成為中華飲食文化重要的研究文獻。其中，由中研院

民族學研究所研究員張珣所主編的《人神共飲：宗教與養生飲食》，就可看到關於明代養生食譜說明（江潤祥、關培生，2009）、傳統藥酒的迷信與毒性探討（亓允文，2009）、藥食同源在臺灣民間的現況研究（崔玖、林麗美，2009）、素食與佛家修行的淵源與現代意義（林伯謙，2009）、出土古籍中的行氣養生與用藥方式的哲理說明（饒宗穎，2009），更有就大自然季候更迭，探討節日飲食中的避疫與養生內涵（楊玉君，2009）。自古至今，飲食種種早就與宗教、生活、醫藥各層面交疊，形成特殊的華人養生藥食文化。

　　另外，以歷史學角度切入，論述中華飲食文化的發端與開展，中國學者林乃燊 (1992) 即指出，自三代開始，食療學就已在《黃帝內經》中有所體現，除了合乎「營養衛生原理」的「膳食平衡觀」，在《周禮》中亦早掌握了「食療物品的性能」，能夠「以酸養骨、以辛養筋、以鹹養脈、以苦養氣、以甘養肉，以滑養竅」（頁 56–57）。在鋪陳飲食文化史後，林也積極提倡以中國醫學及烹飪學結合而成的食療學，發展當代食療品種，在中國各大菜系的基礎上建立食療菜系。他建議利用現代科技大規模培植淮山、黃耆、髮菜與其他中藥材，鼓勵人工馴養駝鹿取鼻、梅花鹿取鹿茸、活熊取膽與熊掌等。如此，結合藥學、營養與烹調技師，定可「做出數以百計的食療菜餚、食療點心和食療飲品」（林乃燊，頁 201–204）。也就是說，從古籍、藥典、文人食譜、宗教哲學、民俗禮儀到現代的食品企業，莫不能找到華人文化中特有的藥食同源養生觀。其中，更有針對女性生理與身體構造設計的飲食內容，不斷演化傳承至

今。例如，針對孕婦胃膈悶脹、婦女血枯（月經倒流、長期閉經），《內經》提供了具體食療的方劑，該配方經歷代加減仍沿用至今（林乃燊，1992，頁 58）。而根據營養師章樂綺調查臺灣人民對於食物養生的觀念，主要也表現在「經期、懷孕、生產、嬰兒餵養或病痛之時」（引自崔玖、林麗美，2009，頁 213）。另有，推廣食療、運動養生為職志的中醫莊淑旂 (2006) 也強調：「身為一個醫生，我希望看到的，是每一個人都用對的觀念，去打造健康的身體，擁有美滿的人生；尤其是女性身為一個家庭裡最重要的守護者，一個人的健康，往往關係著一家大小的幸福」（頁 191）。顯見，從身體結構、生理過程到家庭勞務各個面向看來，女性與飲食的關係不但緊密，對臺灣族群文化而言更有其特殊的歷史與傳統意義。

「女食」，即是在臺灣的飲食文化脈絡下，在藥食同源的基礎上，為女性在不同身分與生理階段，針對調經、懷孕、生產、哺乳等所設計的養生飲食，是一套大多由女性執行並傳承的烹飪技術與知識系統。不僅如此，這些食補或食療的形式與內容，交織了女性彼此、家族，甚而社群的飲食風俗文化，自古就已存在於臺灣社會的日常生活中影響著我們。

進一步來說，「女食」這個以女性主體與生理經驗為運作中心的臺灣飲食文化，是一個文化與時空的存在，以記憶、以勞務乘載了特有的藥食同源傳統，實踐了女性為人為己的溫婉心意，不但是一個連結過去、現在與未來的操作，更是一個展現自我存在價值的方式。然而，不可否認地，臺灣社會中女性身體使用的權力論述、

知識與技藝的傳承，以及族群認同等議題，也會牽涉在內。從歷史面向來看，食補與食療的傳統觀念與內涵，因著日治時期的殖民現代化、西方營養學的引進、食品加工技術的發展而產生不規則變動，更隨著當代商品化社會的快速變動而偏移轉型。而這個主要由女性所傳承的臺灣飲食文化的偏移與轉型，在女性意識覺醒、女性主義興起的背景下，更可能有著一個以性別論述為主的詮釋空間——「女食」文化傳統的當代體現，以一種文化傳承的模式潛移默化了女性，同時也在現代的煮食勞務（煮／不煮／怎麼煮／誰煮）與消費（吃／不吃／怎麼吃／去哪吃）中，以一種重複執行類儀式、偏離也創新的動態，潛移默化了傳統飲食文化的論述內容與權力架構。

性別、飲食與文化遺產

多年來，為了學術研究、營造論述的張力，我慣常用批判的力道挖深性別、世代與東西方之間的文化裂隙成鴻溝。然而，這種狀似客觀化的立場與書寫模式，卻漸漸造成我在自我認同上的異化。我彷彿看到自己站在現代西方女性主義的岸邊，歌頌上海摩登女性風華、批判二次戰時日本殖民主義對婦女的剝削、針砭商品化社會中的女性美與身體概念建構（陳儀芬、孫秀蕙，2009，2010a，2010b，2016，2017，2013；陳儀芬等，2014）。顯而易見，簡單明瞭，建構西方／現代／進步與東方／傳統／落伍的二元對立論述，隔岸

觀火，事不關己，有何困難？

　　然而，在確診母系遺傳的嚴重糖尿病之後，我開始了注射胰島素、運動以及飲食控制的規律生活。這些都像是我日復一日、推上又落下的薛西佛斯石 (Sisyphus stone)[3]，為了平穩高高低低的血糖值，為了顧及營養與衛生，我必須積極從事煮食勞務，料理三餐。從研究營養成分、選購食材到料理烹煮、擺盤上菜，親力親為。那個曾經不願成為傳統理想女性而「出得廳堂、入得廚房」的自己，居然天天在廚房裡柴米油鹽、鍋碗瓢盆起來，身邊親友們竟開始以「賢妻良母」等詞語來稱讚我。這才赫然發現，從小不喜煮食勞務的原因，可能就來自於這個傳統認知上對於煮食與賢妻良母、理想女性的強烈關聯。這句看似單純又直接的「賢妻良母」，開始不斷地撞擊我，翻攪起我對於那些隱藏在臺灣傳統社會文化中，理所當然的男尊女卑、女子無才便是德的焦慮。當然，也偶有懷疑自己是否漸漸「不夠」女性主義？但，那又是誰的女性主義？[4]

　　是的，不同的時代有不同的女性與女性主義的實踐方式。在琦君 (1984) 的回憶書寫中，她的母親葉夢蘭就說過這樣一段話：

妳們新式的講女權運動，卻只喊不做。我們老式的女人，天天

3　在希臘神話中，薛西佛斯是柯林斯國國王，因欺瞞死神而被處罰，在冥界不斷地推一塊永遠會滾下山的巨石。

4　「不夠」女性主義，借詞自余貞誼 (2011) 論文。

都在女權運動。我們的一雙拳頭力氣大得很，能磨粉，搗年糕，會搓麻繩做草鞋。男人會做的，我們都會幫著做。還有我們的一雙腳，裡裡外外，一天走到晚。不是有女「拳」又有「運動」嗎？到了逢年過節，那就運動得更勤快了。（頁 37）

　　生兒育女、相夫教子當然也可以是女性主義者。我的母親何嘗不是？但現下社會學研究又明白地告訴我，直至今日的女性知識分子、女性學術研究者，只要選擇了婚姻，其生活與事業的辛勞仍倍數於男性，也不斷地要在事業與家庭的雙重身分中找到平衡與出路（林昱瑄，2019）。

　　出生於二戰後期的母親 (1940–2011) 從不准我靠近廚房，一則怕寶貝女兒受傷，另則主張女性應有自己的事業與經濟獨立。要成就事業必先受良好教育，把書讀好，有一技之長，成長於戰後的母親，她培養女兒的觀念與重點並非中饋。舉凡灑掃、煮食諸多家事，都是我離家就讀大學後，才慢慢自己摸索而做中學來。然而，不論是她菜色的味道、她洗滌衣物的步驟，或是面對困境時的堅毅，總在我迷惘、困惑於怎麼處理大小生活瑣事時，從回憶裡閃出一線光，領著我解決問題、度過難關。

　　母親離世初時，我常常不自覺地去煮出她用來寵愛我的菜餚，渾然不知那是我對她的無盡思念。但在回憶的閃現裡，在重複的煮食勞務過程與家庭關係互動中，我卻慢慢覺察到，這藉由血緣與母愛所傳遞下來的煮食勞務擔當與食療知識，極可能包裹著傳統儒家

文化中的男尊女卑與婦德規範。這個發現開始撼搖我，在自以為站穩的現代西方女性主義岸邊上踉蹌，再也無法將自己裡裡外外所繼承的生理遺傳與文化傳統批判得理所當然。

若說食物代表了文化基因，那麼我所罹患的糖尿病，這個讓我必須謹慎飲食的母系遺傳疾病，也連帶引發了我對每日煮食勞務意涵，與其所代表之歷史與傳統文化象徵的好奇。生理上，我期許醫學遺傳學開發對基因序列的重組技術，讓我的胰臟細胞再生。另方面，我也不斷觀察到那歷史與傳統文化的基因序列——傳統，何嘗不是人為人工，連續的斷接再組合？可以再生？

面對這樣「人為人工」的傳統基因，我開始重新質疑它的必然與因果。因為那可能就如同艾瑞克・霍布斯邦 (Eric Hobsbawm, 2000) 所見，是一種「被創制的傳統」，它「盡可能地利用了歷史來進行合理化與凝聚共識……成為了鬥爭的具體象徵……歷史對民族、國家與改革運動而言，是構成意識形態與知識的部分基礎。歷史並非真正地被保存在共有的記憶當中，而是透過選擇、書寫、圖像化、大眾化以及機構化來進行」(pp. 12–13)。而探討「被創制傳統」，其重要性就在於指認出那些一直以來被視為理所當然、習以為常的事物，進一步探索其中所隱含的議題。

法國符號學者羅蘭・巴特 (Roland Barthes, 1967) 在〈歷史的論述〉"The Discourse of History" 當中也提到了歷史與軼聞的競逐關係。巴特認為所謂現代關於歷史的論述，就是意圖消抹過去事件 (指涉對象 referent) 與詮釋（意指 signified）之間的差異。對 20 世紀

初的重要學者霍布斯邦以及巴特來說，在討論傳統的「被創制」與彼間差異的「消抹」之前，「歷史（事件）」必須是一個實際的存在，或至少是一個正當的先驗假說。然而在 1980 年代之後，米歇爾‧傅柯 (Michel Foucault) 及受其影響的後結構主義者，已紛紛提出了對歷史真相的質疑，更認為並無所謂客觀書寫的歷史（王進，2012；Foucault, 1990, 2012, 2013）。也就是說，歷史論述應／僅是不同立場對歷史的不同詮釋。以詮釋的態度來面對歷史與文化傳統，近年來在文化遺產批判研究領域，也可見到與傅柯相關理論的影響。勞拉珍恩‧史密斯 (Laurajane Smith, 2006) 在〈遺產的論述〉"The Discourse of Heritage" 一文中提到：「文化遺產的論述建構本身就是文化遺產的文化和社會過程的一部分」(p. 13)。文化遺產並非單純只是一種過往的物質存在。在文化變遷的過程裡，文化遺產是充滿行動與生命力的物件，其中更牽涉到文化如何被再現、被論述，以便關聯起認同與權力等議題 (Smith, 2006, pp. 82–83)。

　　回溯自十九世紀興起的文化遺產研究，亦可見其與世界潮流中的族群意識、認同建立緊密關聯。舉凡歷史、考古、人類學、博物館與工藝美術等領域，無不傾力保存、詮釋、再現具有國族、社群價值的有形與無形遺產。《國際遺產研究期刊》(International Journal of Heritage Studies) 的首任編輯彼德‧霍華德 (Peter Howard, 1994) 在創刊號中即開宗明義，遺產除了與收集、保存的概念相關，更是一個文化延續、價值建構的重要議題，值得從各學科角度去觀察的現象 (p. 3)。經過十年的學術累積，在他的專書《遺產：管

理、詮釋與認同》(Heritage: Management, Interpretation, Identity) 中即可見到,對於遺產、資產在西方文化傳統脈絡下的意義說明。首先,遺產 (heritage) 是與傳／繼承 (inheritance) 相關的概念,法文中的 héritage 更是專指留給後人的遺產 (legacy)。然若將焦點放在「傳／繼承」的動詞 (inherit) 和名詞 (inheritance) 的使用上,在英語的詞意中即會出現所有權 (ownership) 與物質 (physical) 和非物質的繼承（物）概念,其中也會包含了生物遺傳學對基因的理解。霍華德 (2003) 提醒,不是所有的遺產都是「有好處的」(p. 6)。也許就比如那些要到法院辦理拋棄繼承的負資產,或者是將經血視為污穢不潔的禁忌說（翁玲玲,1999; Furth, 1986; Seaman, 1981）,又或是男尊女卑、女子無才便是德。然而,也可能像是我自母系血緣所遺傳的生理疾病基因,以及承自家族與社會的臺灣傳統食療知識,在不同的時空脈絡下,對我的影響、好壞不能一概而論。

藉著觀察、探究語源,同樣可深入瞭解不同的國家,對文化遺產的原始認知與構建過程。例如:西班牙文中的 patrimonio 與法語的 patrimoine 都是文化遺產用語,兩者皆蘊含了「家族（與父系）的傳承,國家與團體所有權的概念」(Howard, 2003, pp. 7–8)。值得注意的是,這個「父系」語源的存在,也並非理所當然、普同地展現在現實生活中。蘇珊‧皮爾斯 (Susan Pearce, 1998) 就已經發現,在家庭內負責家族認同與實踐文化遺產的主要是女性,而其所傳承的內容也多來自母系。這個家庭內所發生的母系文化遺產傳承,亦可與我對「女食」的定義互相呼應:「為女性在不同身分與生理階

段，針對調經、懷孕、生產、哺乳等所設計的養生飲食，是一套大多由女性執行並傳承的烹飪技藝與知識系統……交織了女性彼此、家族、甚而社群的飲食風俗文化。」

於此，或可得見文化遺產定義與傳承模式的多元樣貌，它是「個人、家庭、群體與國族認同的綜合體」(Howard, 2003, p. 8)，展現在不同面向上的過程而非結果——「文化遺產是充滿行動與生命力的物件，其中更牽涉到文化如何被再現、被論述，以便關聯起認同與權力等議題」(Smith, 2006, pp. 82–83)。同樣地，我所承繼自母親、母系家族以及臺灣社會的食療文化傳統——「女食」，不也是這樣多面向、變動中的綜合體？

也就是說，探討「女食」勢必要與性別意識、文化認同以及時空脈絡中的權力論述相扣環。若引用新歷史學的說法，「關懷的重點並不在於抽象式的普遍概念裡，而是在於特定的單一、偶發性事件、被形塑的自我，與該文化生成所依循的規律和矛盾作用」(Greenblatt, 1990, p. 164)。因為當歷史被論述成傳統的源頭與真相，「被創制的傳統」就會發生，重要的是要能從中辨識出那些長久以來被視為理所當然、習以為常的事物，進一步挖掘其中所隱含的議題 (Hobsbawm, 2000)。大歷史或正統歷史就像是一棟宏偉的建築，探究其生成的「規律與矛盾的作用」，也會幫助我們看見牆壁裂縫裡，那被隱藏著的意料外的、被壓抑的、詭異的或是令人難堪的細節 (Barthes, 1967)。

如果說，歷史是一個事件被特意客觀化的過去式陳述句 (a

statement of past tense)；傳統，則是現在完成進行式的動態表達 (a movement of present perfect progressive tense)——從「現在」望向「過去」才會發現的重複與偏離，以及其循環與類儀式行為——透過重置場所與反覆實踐，以便與過去發生的特定「事件」連結，進而形成信仰、價值體系、集體記憶與行為慣例等社會現象 (Hobsbawm, 2000; Lowenthal, 1985; Nora, 1989)。

　　事實上，文化遺產是依照現代需求，一場針對過往的再製儀式，其價值則取決於在特定的時空中，人們將它連結到物件、地點與習俗上的方式 (Lowenthal, 1998, p. x)。也正如同朴瑜亨 (Hyung Yu Park, 2013) 所言：「過往可以被刻意地選擇、變更並重新挪用來配合政治目的與意識形態框架，藉此建立起現代的文化遺產」(p. 78)。對於恆真不變、價值永恆的文化遺產看法，對記憶再現與歷史紀錄的質疑，學者們都提出了批判，指陳其中的武斷及霸權 (Park, 2013; Smith, 2006; Waterton, 2009)。近年來，更可見文化遺產與權力、政治相關，更是地方、國族與國際利益的議題。曾列席聯合國教科文組織 (UNESCO) 世界文化遺產登錄會議的冰島代表維帝瑪‧哈夫斯坦 (Valdimar T. Hafstein, 2009) 觀察到，爭取列名世界有／無形遺產，實際上涉及了資源有限與分配的問題。其中「選擇與『不可避免的』排除是文化遺產系統裡的結構要素——包含指定、保存、復振、推廣、展示等等」(p. 108)。這些都再次說明了，過往的「真相」是透過「選擇」而被重新「書寫」的，而這個無法再現真相的景況也一直存在於人類文明與文化的傳承中。所有個別事例也必定

牽涉當代時空脈絡中的權力論述運作。對於這個權力論述的理解與
關懷，正是後現代歷史研究與文化遺產學者們共同的主張，也是我
的看法──「傳統，是人為人工，連續的斷接再組合」。更重要的
是，從現下回望過去始能發現重複與偏離，質疑其狀似理所當然的
生成與存在，才能看出其中的循環與類儀式行為，是如何讓社會多
數群體以慣習、風俗與傳統之名，對少數與個人主體進行壓迫控制、
排擠甚或霸凌。

　　如同其他傳統文化的生成與運作，本其「歷史」，藉由「選擇」
機制進行權力論述「書寫」，透過「類儀式」的重複操作，自然化
其中的「規律與矛盾」，慢慢形成信仰、價值體系、集體記憶與行
為慣例，「女食」傳統如斯「被創制」，當然也可能被再製為現代
的文化遺產，為特定之政治目的與意識形態服務。

把傳統重新「煮」出來

一青妙在長大後回到臺灣，
終於發現那一道家裡慣常叫的
「蒸豬絞肉的那個」不知名菜
色，原來是臺灣古早味瓜仔肉。
只不過，一青家的瓜仔肉跟爸
想做的一樣，中間會有顆蛋。[5]
那是我幼稚園時的事情了，裡
面有爸媽一起在廚房的遙遠記
憶──他們想要在起鍋擺盤時，
絞肉的中間有顆蛋。[6]

■ 中間有蛋黃的瓜仔肉

我父親跟一青妙的父親一樣也是家中長子，被奶奶慣壞、被重
男輕女的社會寵壞，我小時候總覺得父親很帥又見聞廣博，因為他
總可以把他去過的、吃過的、想像的口沫橫飛地變成故事告訴我。
回想，我奶奶是被人伺候長大的客家大小姐，說得一口好菜但不會

5　〈蒸豬絞肉的那個〉中，一青妙描述了記憶中某道連正確名稱（瓜仔肉）都叫不
　　出來，卻極受全家喜愛的家常菜。章節裡穿插了她對父母互動的觀察，以及母親
　　做菜的靈感與知識來源。最後，更將自己如何複製出同樣一道菜的心情，以醬汁
　　的隱喻流露出來（一青妙，2014，頁 99–116）。

6　我的讀書筆記，寫於 2020 年 5 月 12 日。

■ 肉息仔

做菜。父親山珍海味的經驗應該都是花天酒地的累積，不是來自家族。他不夠踏實努力卻想一步登天，所以「只吃其一不知其二」——讀了一青妙的書我才知道，原來瓜仔肉中間要放的並非一般的蛋黃，而是鹹蛋黃，怪不得父親一再失敗。

■ 母親家傳肉息仔與瓜仔肉

　　母親家的豬絞肉作法則是蔥、薑、蒜、醬油、糖炒絞肉和碎小黃瓜，在美國想家時，我煮的第一道菜正是這個「肉息仔」。在臺灣與移民各國的親戚們都知道，那是我們家的一種鄉愁，縱使，每

個人做出來的滋味總有些許不同。對於坊間賣的瓜仔肉，若非不得已（比如已經沒得選的便當菜）我是不會碰的，因為我們家喜歡用新鮮的小黃瓜帶出清爽的口感，而非醬瓜的鹹膩味兒。那天，絕不浪費食材的我，把剩下的鹹蛋白攪和了皮蛋，肉汁淋上甜豆一起炒過。當然，也能不浪費能源，一青妙家的瓜仔肉和白玉馬鈴薯同鍋蒸好，口感細膩，極適合配上母親家傳的「肉息仔」，入口時，記憶裡「如何讓肉息仔中間有個蛋」的謎團於焉解開。

現代神經生理學者指出，記憶並非是重新搜尋腦海中資訊的單純再現，更有著「重新想像」的功能運作。其中，情節式的記憶與個人經驗、感情連結較有關連。另外，語義式的記憶則需要較多的知識建構 (Arnold-de-Simine, 2013, p. 15)。回憶，會經歷許多「選擇」與「重組」的過程，也常常有著壓抑、錯置與扭曲的成分，正如同後現代歷史研究與文化遺產學者們共同的主張，也是我不斷與之呼應並強調的看法——「傳統，是人為人工，連續的斷接再組合」。研究回憶，除設法辨其真偽、究其成相之外，猶是要從中獲得反省與啟發。探討「女食」文化亦然，不單純只是為了要明白它與各大傳統菜系的連結或斷裂，或是如何重置／製吃到那某一道菜的口味與場景，而是在書寫的過程中，去暸解／了結個人記憶裡的謎團，在反身性中重構主體，給予傳統再詮釋的契機。比如，從「肉息仔」的回憶裡，省思我父親一生各方各面的敗因與母親的傷心；比如從家常菜（「蒸豬絞肉的那個」、「肉息仔」）與傳統臺菜（「瓜仔肉」）的命名、定義與邊界，進而看到飲食所衍生的族群認同標記與難

以避免的疏離、排擠問題 (Boorstin, 2002; Friedensohn, 2006; Reichl, 2010; Sutton, 2001; Winegardner, 1998)。尤其，在我的記憶裡、在我與母親與其他女性交疊的生命經驗與文化脈絡裡，我們有什麼共同也約略不同的，像是「蒸豬絞肉的那個」、「肉息仔」與「瓜仔肉」一般，綜合了個人、家庭、群體與國族各層面議題的「女食」文化傳統。而這些交融在飲食文化中的經驗，對於我們的性別認同與主體建構又產生了什麼影響。

馬塞爾‧普魯斯特 (Marcel Proust, 1992) 在《追憶似水年華》第一冊當中，有一段關於個人飲食記憶的神奇描述：

帶著點心渣的那一勺茶碰到我的上顎，頓時使我渾身一震，我注意到我身上發生了非同小可的變化。一種舒坦的快感傳遍全身，我感到超塵脫俗，卻不知出自何因……那情形好比戀愛發生的作用，它以一種可貴的精神充實了我。也許，這感覺並非來自外界，它本來就是我自己……我感到它同茶水和點心的滋味有關，但它又遠遠超出滋味，肯定同味覺的性質不一樣。那麼，它從何而來？又意味著什麼？哪裡才能領受到它？……然而，回憶突然出現了。那點心就是我在貢布雷時某一個星期天早晨吃到過的小瑪德萊娜的滋味……立刻那幢灰色大樓……像舞臺佈景一樣呈現在我的眼前……那個廣場，我奔走過的街巷以及晴天我們散步經過的地方……還有維福納河裡漂浮的睡蓮，還有善良的村民和他們的小屋，還有貢布雷的一切和市鎮周圍的景物，全都顯出行跡，並且逼真而實在，大

街小巷和花園都從我的茶杯中脫穎而出。(pp. 50-54)

　　這段文字就是鼎鼎大名「普魯斯特效應」的由來，也是飲食記憶研究者津津樂道的感官誘發記憶現象。其實，大部分的人都有「自己的瑪德萊娜」(Madeleine of oneself)，一種富含情感聯想與象徵的特定食物。但就算如此，也不是每個人都像這個段落的普魯斯特一般，回憶閃亮而美好，難免就如普魯斯特般偶有灰暗憂鬱。即使是同一種「瑪德萊娜」，吃法也會因人而異。就像是一條魚先吃哪？或者荷包蛋要先吃蛋黃或蛋白？還是如伊莉莎白‧艾得勒 (Elizabeth Adler, 1983) 以民俗學角度觀察到的，同樣是奧利奧 (Oreo) 卻有著各式各樣的創意吃法？另外，只吃或先吃什麼的也會受到某種邊緣化或是標示的效應。幼年總是搶食魚眼睛的我，在同桌共食的華人文化裡，曾被其他的同伴排擠，畢竟一條魚只有兩個眼睛啊！成年後，在美國華盛頓州中餐廳裡吃魚眼睛的我，被白人朋友認為野蠻。我吃餅乾、蛋捲與麵包時，總歡喜像西方人那樣要先蘸浸過咖啡或牛奶，常令一些華人朋友皺眉，我卻會默默想起母親愛用油條沾著杏仁茶吃的滿足。曾幾何時，我愛吃的蛋也不再一定是「好的」、「正確的」營養來源，而是可能會造成膽固醇偏高的食物。青春期時母親為我準備的四物雞湯，在中年之後易罹子宮肌瘤的陰影下，就再也不能喝得那樣理所當然。

　　人類在共同的演化路上，縱使大腦神經傳導方式幾乎一致，我們仍然還是有著「選擇」與「組合」的主體性來進行食物的聯想與

回憶，展現出對於統一與同質的抗力，共同與差異的辯證對話、凝聚又疏離。以日常生活習慣來看飲食的文化實踐，「集體」、「多數」與「公眾」根本難以客觀定義，更不用說對食物有著因人因時因地的解釋——One person's meat is another person's poison（某人之珍饌惟另人毒食）。哪種人會吃什麼（來展現認同）？誰可以先吃什麼（以示階級）？只有誰才能吃什麼（來區隔性別）？放到一個飲食傳統文化的脈絡裡，應該都是現在完成進行式的問句。而且，問題還不一定成立。

2014 年我被醫師診斷患有癲癇，這才發現《追憶似水年華》裡的那些瑪德萊娜片段，其實像是一次又一次的癲癇小發作。那是電流通過的感覺，酥麻全身，然後聽覺、味覺開始發生變化，領著我進入一個時空。當一幕幕與死亡相關的視覺影像閃現時，Déjà vu，[7] 我知道……那是悲從中來的緩浪慢波溢上心堤。待得腦海風平浪靜，那失去母親的痛與思念，才會催著我去煮出一道道照顧好自己身體的菜餚。是的，食物本身鮮少引發我的普魯斯特效應，相反地，是做菜這件事成為了我通往記憶花園與主體重構的幽徑，撫平思親傷痛的解藥。此時我忽然理解，在李安 1994 年導演的《飲食男女》中，為什麼女主角朱家倩會說：「好奇怪，我好像沒有什麼童年記憶。除非我把它們都煮出來。」原來，「女食」，不僅包含了食物內容與食用方式，更有這個「煮」，這個做菜的動作，讓我們在這

7　法語，描述一種似曾相識的感受。

個傳統飲食文化的「行動場域」裡，能夠把記憶、文化、傳統用我
們自己的成分、調味與擺盤，重新「煮」出來。不是嗎？探討「女食」
文化不就是去研究女性飲食在內容與操作形式上的傳統與變革？女
性之為個體、群體，是如何分別不斷用「煮／不煮」、「食／不食」
的行動去挪移傳統飲食文化的疆界而不斷重新建立疆域？

點描臺灣「女食」文化新風景

食物在社會經濟、文明文化中具備了實質與象徵意義，讓飲食
不單純是人類的生存需求而已。環繞著飲食的風俗與文化，伴隨其
他的傳統行為與倫理道德框架，對於族群與集體中的個人而言，難
免有著被視為理所當然，又並非完全不知不覺的同儕壓力與宰制運
作。松本清張 (2019) 的推理名著《砂之器》裡，即描述了維繫村落
集體安全的「村八分」傳統，以及後續引發的社會問題。[8] 在傳統社
會歲月靜好的表相下，兩難了多少集體共識與個人權利，糾葛了多
少價值判斷與認同困境？甚至危害了個體生存？

在母親過世後，我之為女兒的社會身分立足點消失，存在感也
因著極度的喪親悲痛與病情加重飄搖起來。幸而在醫護人員的幫助

8　「村八分」是指日本鄉間村民生活中，十件重要事情的八項。首要二項是幫助喪
　　家屍體掩埋（以防傳染病流行）與滅火（避免災情擴大）。若有村人沒有參與其
　　中，其他包括成人禮、結婚、生產、病人照顧、房屋改建、水災救難、祭祀與旅
　　行等八項的互助資格就會被取消。

之下，慢慢取得與糖尿病和癲癇等遺傳疾病在日常生活中共處的方式。不僅如此，更積極結合漢醫四時養生與現代營養學的知識，實踐在起居、運動和血糖控制等項目中。斐然成果，回饋與醫護、分享與親友。然而我卻還是經常疑問著，如我這般，一個承繼了家族漢醫知識與遺傳疾病，為著健康因素必須天天為自己煮食，也擅於運用食療知識來烹飪的女性，為何無法欣然接受他人對我廚藝的稱羨？因為性別？還是因為身分？

我是否也在自小成長的閩客家庭生活與社會氛圍中，隱約地感受到煮食與性別議題、社會主流價值認定確有其關聯，甚至是對個體存在的規範甚或威脅，故而在他人因我很會做菜而讚我為「賢妻良母」時，厭煩、反感？當然，我也檢討過自己是不是因為西化或是太過女性主義，所以無法坦然接受這個很會做菜而成為「賢妻良母」的說法。但那幽微感受真的無法被簡化、二分，就好似氣溫陡降，臨時只找到一件質料不好的毛衣，那渾身發刺卻又不得不穿著的窘境。被稱讚時，些許驕傲，卻也帶著微慍的無奈，這個「女食」文化傳統，真的有好有壞、有形也無形地包圍著我，從過去到現在，也連結著我的未來。

那麼，「女食」傳統之為臺灣社會重要的文化框架，是透過什麼樣的「選擇」、「組合」機制與權力論述的歷史「書寫」，流轉在世代女性間，既傳承也偏移地保存了臺灣的「女食」文化遺產？而這個「女食」在女性為人兒女、為人姐妹、為人妻、為人媳、為人母……在不同的身分角色扮演時，在各種家庭、社會倫理關係脈

絡裡，對女性的主體認同、身體意識與行為倫理規範有著什麼影響？隨著關係脈絡而挪移的立場觀點，對傳統性別文化框架解構與再構，又能夠提供什麼樣可能的反思空間與動能？

於是，種種與個人生命經驗交疊的議題與關懷，驅動了這本書的書寫，目的即是希望能夠從性別的角度切入，反思自小就身在其中的「女食」社會慣習，藉由文獻的爬梳與訪談分析，嘗試釐清自身多年來在傳統飲食文化脈絡中所面對的種種認同困境，或與和解、或而透過詮釋再培力。與所有的訪談參與者分享彼此的「女食」回憶與行動，在互涉的溝通脈絡中，互惠互補。以個別又同時邁向整體的秀拉式點描技巧 (pointillism)，[9]在那裁傳統飲食文化的古老畫布上，重繪一幅臺灣「女食」文化的新風景，娓娓敘說**我們的「女食」故事**。最後，在世界無形文化遺產的概念下，嘗試建構一個從傳統望向未來的臺灣「女食」文化論述，不但要讓「女食」成為個人積極正向的日常實踐，更希望將之轉化為臺灣人民共有且值得珍惜、保存的文化「資產」。因此，我將用**為妳煮食：我們的「女食」故事**為題並以之為思考核心來書寫。

9　喬治・秀拉 (Georges-Pierre Seurat) 為法國後印象派畫家。

為妳煮食的「非必須／不想要」

「為妳煮食」這樣的一個簡單、肯定的敘述句其實暗藏玄機。就像「提醒添衣」，也許藏著「有一種冷叫做媽媽覺得妳／你冷」的另層意涵。如此，應該也容易理解，「阿嬤養的……」其實說的就是「有一種餓叫做阿嬤覺得妳／你會餓」。「為妳煮食」的不簡單與奧妙，就在於它既牽涉了吃什麼是對女性好？由誰來決定？又是怎麼個好法？更觸及了是否所有的女性都想要／必須煮？都願意吃？這些藏隱在溫馨照顧與奉獻付出的表相下，值得反思再三、理性探究的議題。

從物質（名詞）層面來看，「女食」有著「功能性」的內涵，而這個「功能性」則有兩個指涉。首先，它指涉了傳統漢醫學對於女性身體健康與否判定的學科論述；再者，它也指涉了傳統社會對女性身體使用與期待的性別文化框架。另從執行（動詞）層面來看，「女食」則是以女性群體同為主格與受格的煮食動態展現。大部分由女性煮，由女性吃的飲食脈絡。「為妳煮食」，即是「在臺灣飲食傳統文化的框架與脈絡下，（我）為妳煮（適合女性養生）食（物）」，這樣的一個「女食」文化傳統敘事簡句。

我			為妳	煮	食	敘事簡句
		必須／想要				客觀規範／主觀意圖分歧
	非／不					邏輯演繹與潛藏表述
主詞	否定詞	情態助詞	限定修飾	動詞	受詞	詞性分析
身份	動態脈絡翻轉		關係	方法	功能	意義指涉

■ 「女食」文化傳統敘事簡句分析（資料來源：作者）

其中，「我」雖看似是執行（煮食）動作的主體，但其實是有著「為妳」來當作前提的限定修飾語（副詞），而使得這個「煮食」動作在情況狀態中，出現了在客觀條件規範（必須）與主觀心理意圖（想要）的可能分歧，形成了我「必須」為妳煮或是我「想要」為妳煮的行動表述。然而，依循著語言敘述的邏輯演繹，否定詞雖隱而未現，但這個符合邏輯性推斷的「否定詞」存在，也會使得「非」必須與「不」想要，加進「為妳煮食」的行動表述整體脈絡中，而成為我「非必須／不想要」為妳煮食的潛在表述概念，甚至是狀態翻轉的動能。這些都令「我」的身分與「妳」關係狀態，在探討「女食」文化與其變遷時，顯得相當重要。

也就是說，「女食」在功能面上，不但交錯、層疊了女性身體健康論述、身體使用權的性別框架之外，也牽涉了家庭、社會的倫理規範。因此，查找相關的歷史文本十分重要。而為了要轉譯「女食」傳統的現代意涵，重新建立文化主體認同。除了透過訪談去瞭

解女性站在不同身分與關係立場上，對「煮」在執行面上的看法，也必須從藥食同源的功能面向上，在訪談中比對研究參與者對「女食」的價值認知。更重要的是，這個以保存為前提而敘／緒說的「女食」故事，也應配合飲食風俗文化的研究理路，掌握世界飲食文化遺產論述的形成脈絡，以臻周全。

我所要採取的研究策略是，在世界文化遺產論述的脈絡下，交互檢證歷史文本的語言分析結果與訪談詮釋。歷史文本方面，我將以女性所書寫的食譜記載為源頭，循線追溯飲食在勞動層次與內容面向的社會與文化脈絡，描繪「女食」如何被鑲嵌在身體與道德倫理的性別框架中，成為臺灣女性日常生活中若隱若現的水墨淡景。時而難以覺察、時而難以說明，卻又那麼真實存在於四周。另方面，我將整理近年與飲食相關的學術研究，藉以觀察性別與飲食在目前臺灣社會的展現與趨勢。此外，我也將藉由回顧、梳理世界飲食文化資產論述的建立與變遷，去蕪存菁、挪而用之，反思臺灣飲食文化資產管理的論述與執行現況，以他山之石為臺灣「女食」文化論述奠基。

從個人的生命經驗出發，交錯煮食勞務過程中的性別意識覺察，邁向對於本土飲食傳統與文化資產論述的關懷。這一個交織在社會文化脈絡中，從個體到集體、單點到多點的思維邏輯，除了有著個別主體與族群利益的糾葛，也必然牽涉個別主體間的立場差異。然而，這個立基於闡述族群內部異同並求得動態平衡的目標，正是意圖呼應後現代、後殖民的政治哲學、女性主義或文化資產研

究等領域的理論訴求，不但強調著民主社會中，包容多元、尊重多樣性的重要，也反省、批判著結構中的利益衝突與壓迫。

我的身體、我的立場、我的處境

專擅政治哲學的威里‧金里卡 (Will Kymlicka, 1995, 2001) 曾著書探討，在現代民主政治社會中，如何實踐族群自治權、尊重族群內部差異權以及推動多元文化主義。其中，除了可以觀察到對於少數族群文化論述權的重視之外，更有著對族群內部個體存有細微差異甚至對立意見的理解。也就是說，從殖民主義對他者的想像論述到後殖民主義的回看批判，多元文化主義已經指出人類學研究書寫，慣常將各個族群文化統包整理逕行分類的謬誤。多元文化主義關懷的不僅是中心與邊陲對立的他者建構問題，更是強調如何盡可能從不同角度去書寫不同層面敘事，以跨越族群、階級、性別等界線藩籬，在主體認同之外更強調理解與融合。因為，傳統人類社會學與民族誌研究的前車之鑑已說明，以特定視角或強調正統、客觀的研究，將族群、階級或是生理性別統包整理而成一個「他者」群體，研究者常會失去反身批判的動能。

針對正統社會學科領域中所強調的客觀主義，女性主義社會學者尤是批判，更提醒我們必須對於專業養成訓練有所反省警覺。因為這個「客觀」的概念與方法，其實是建立於確保由男性主宰的思維方式之上。在專業養成與寫作訓練的過程中，不論是研究主題的

價值評斷，或者從旁觀察的研究方法學，都只是為了消抹「個人的」種種可能性以降低對「客觀性」的威脅 (Ellis, 1995; England, 1994; Smith, 1990)。學者們也指出，這個由白人男性所建立起的實證研究典範，「對於獨特的人類經驗沒有興趣、並且無法忍受模糊」，講求權威、壓抑個人情緒，「他者化」研究者的學術寫作方式，實為狹隘而危險的專業迷思。於是，強調女性經驗與個人情緒的立場觀點，在近年的學術研究書寫中，也漸漸受到重視（畢恆達，1998，頁 36；Reinharz, 1984; Sampson, 1993; Smith & Kornblum, 1996）。

從朱迪斯・巴特勒 (Judith Butler, 2011) 論證性／別區分乃社會建構而非由生理結構決定開始，女性主義者對於女性身／主體的社會處境位置與生成即十分關心。托里爾・莫伊 (Toril Moi, 1999) 主張「我的身體即是處境，但它是一種基礎的處境，在其中發現我自身與世界的經驗。這即是進入我活生生經驗的處境。這也是為什麼對我來說身體從不可能只是動物性的物質」(p. 63)。艾莉斯・楊 (Iris Marion Young, 2006) 也呼應莫伊的說法，要以「活生生的身體」(lived body) 來理解不同社會脈絡處境中身體的物質存在，並探究女人是如何在其處境之中認知自己的身體與意義。接受「個人的主體性，被社會文化的事實、他人的行為及期待，以非她選擇的方式所制約。但同時，……用她自己的方式接受並行動」(p. 28)。事實上，楊 (2006) 心繫的不只是個別主體在關係與認同上的多樣展現，她更關切個體在社會行動中，所要面臨的結構框架以及錯綜複雜的制度面權力宰制。她認為，以強調實踐的女性主義理論來說，更應鉅視

(macro) 地探討個人在社會結構中的位置、利益與規範的衝突；畢竟，由制度面所形成的關係與規則，往往是內化、影響個別主體意向的源頭 (p. 30)。因為我們在歷史給定的、相對穩固的制度性關係中，像是傳統、類傳統或是風俗的社會文化規範裡，通常找不到個人或是族群在「選擇」甚或「創制」時的蛛絲馬跡。也就是說，我們應該要透過性別概念的觀景窗，對於社會結構、組織與制度面向，這些由不同個體行動卻又共同形成的結果進行再觀察並提出批判。「一個人在結構中被定位的方式，隨著他人在各種制度環境中如何看待他或她而變，也隨著個人怎麼看待自己而變」(Young, 2006, p. 31)。

從微視 (micro) 互動結構分析到鉅視結構描摹的不可偏廢，不難看出自身經驗體會與處境描述一直是女性主義理論建構的重要方法，在實踐層次上也有著爭取整體利益的政治企圖。除了關懷身／主體經驗與社會之間結構牽扯，女性主義也探索了知識論與科學哲學領域性別問題。透過異己之間所呈現的局部客觀立場經驗，論證沒有全然客觀的知識存在，並轉化性別處境中的經驗體會，使之成為知識論的元素。其中，當以立場觀點論 (standpoint theory) 的珊卓拉・哈定 (Sandra Harding, 1991) 與處境知識 (situated knowledges) 的唐娜・哈拉維 (Donna Haraway, 2010) 為翹楚。而這些從自身的性別、文化經驗出發，覺察主體在社會文化結構中的軸線所在，甚或斷裂／認同與疏離，進而反思學科知識建構與論述鬥爭的過程，也是近年文化資產研究的重點，更與我的研究思維緊密扣合。

多元立場變換策略

指認他者(the Other)而進行研究，是一個標示差異的研究過程。為了合理化研究結果與研究假設的相關性並回答研究問題，以類型學為基礎的分析模組，是人類、社會學科民族誌與族群文化研究的重要方法。在圖書館內用歷史記載與文獻進行研究，或者飄洋過海到遠方的原始部落，甚至是融入弱勢、邊緣的族群內部，藉以歸納「足夠」的差異性來建立他者論述，皆為西方白人男性學者，從大航海時期就發展出來的實證研究典範：強調客觀與正確的事實，忽視不確定、模糊以及獨特的可能與重要。這個因為固定視角而形成意義框架，最後造成刻板印象、偏見的連鎖效應，正是愛德華・薩伊德(Edward Said, 1978)對於以人類學為支柱，形塑「東方」(the Orient)、想像第三世界、再現他者的殖民論述觀察。在後殖民主義的回看與映照下，藉由清楚標示出原殖民論述視角之位置，而能解構了西方＝高等＝理性＝陽剛，東方＝次等＝非理性＝陰柔等論述的歷史基調——關於未知、不熟悉的想像與對族群「差異」的誇大書寫。正如薩伊德般受傅科影響，在文化資產研究方面，對於歷史、傳統、國族與性別主體認同也都有著類似的看法，論述權力的操弄其實無所不在(Anderson, 2006; Gellner, 1964; Lowenthal, 1998; Park, 2013; Smith, 2006, 2008; Waterton, 2009)。於是，文化資產研究的論述，也開始從單一視角、誇大「差異」的書寫，轉至呈現、尊重多元文化的方向。

立基於第三世界女性主義,並嘗試建立與西方白人女性主義的平等對話。烏瑪·娜拉揚 (Uma Narayan, 1997) 對於以人類學觀點論述文化、傳統與國族認同等既定的策略,也提出了類似的質疑及批判 (pp. ix-xi)。娜拉揚更觀察到,許多從事多元文化推廣教育的學界人士,常會分別以「特使」(emissary)、「映照者」(mirror) 與「真正局內人」(authentic insider) 三種角色,從人類學觀點去強調、證明關懷多元文化的重要性。然而,這樣固著於某一立場或是身分來向西方或外部引介自身文化之為多元文化之一,不但又會落入人類學以單一視角與差異研究來描述「特定」、「統包」文化的窠臼,也會削弱女性主義者對內、對外身為政治主體的能動性。於是,娜拉揚 (1997) 主張,女性主義者應不斷在自身關懷的議題脈絡中建構、變換不同的立場位置。

這種嘗試從國族、群體、性別與階級等不同位置,對內溝通、往外交流,甚或翻轉現狀的修正主義行動策略,不但可以結合前述的女性主義立場觀點與處境知識理論,也裨益多元文化的推廣與落實,十分值得參考借鏡。不僅如此,這個變動立場的策略更能為我在東西方文化、傳統現代與性別認同上的兩難困境指引方向,讓我所處的研究位置更有彈性,更能透徹分析研究問題,邁向研究目的整梳,以下就娜拉揚 (1997) 所言的三個多元文化推廣與教育角色,依序說明之。

首先,是以「特使」身分向西方主流文化介紹多元文化,強調「文化富饒」的多樣面向,這樣的「文化富饒」大多是由第三世界

的知識分子、菁英或特權階級向西方建構的上層文化定義。娜拉揚認為，此舉容易直接將起本土與西方對立起來，更容易合理化、甚而漠視本土文化與傳統中固有的性別與階級問題 (p. 133; 135)。再者，是那舉起鏡子的「映照者」，這個角色的目的是在整理出「西方大壞蛋」(the Big Bad West) 對其他文化所進行侵略壓迫的惡行，觀察西方殖民者如何視原住民為「他者」，以扭曲的種族、階級與性別概念為基礎，想像身處殖民地的自我樣貌並建構社群。娜拉揚亦質疑這樣的研究取徑。因為在鏡中，西方人士看到的僅是自己或是行為的反射，第三世界就算沒有「缺席」，也常常不會是討論的重點。就像一個男人約會時跟女友說，「別再談我了，我們來聊聊妳吧！那妳覺得我怎麼樣呢？」一般荒謬。採取「映照者」角色立場，就會像這樣，很難將討論的重點放回第三世界的問題上。不僅如此，從政治運作的角度來看，「特使」角色很容易與第三世界國內的反女性主義勢力共謀，將女性主義者描述成本國傳統的「文化叛徒」。而「映照者」角色，則傾向與反西方勢力合流，把所有關於國家與民族的議題怪罪到西方，或是推到西化身上，模糊本國社會與政治問題的焦點 (pp. 136–137; 141)。

第三種多元文化推廣的重要角色身分是「真正局內人」，是確切生活於自身文化中的研究者，相較於也同是身處文化中的「特使」，娜拉揚認為其最大不同在於，「特使」目的是要推銷自己的文化，而「真正局內人」不但有著反思與批判自身文化的立場，更可對西方在處理他者文化時的無知與預設認識進行必要修正。然

而，這個「局內人」立場也如同「特使」與「映照者」般有利有弊。因為，第三世界的「真正局內人」常與同國族或同社群的人，將「文化」設立成一個「私有財產關係」(proprietary relationship)，並占據文化再現的唯一發言人位置，使得論述中的多音豐富 (polyphonous richness) 單音化，犧牲應有、本就有的族（社）群文化內部差異呈現。正如殷蒂拉‧卡拉姆切提 (Indira Karamcheti, 1993) 所指出的：「就算在印度，也沒有所謂的**那個**印度女人，而是那些印度女人們。所有的單一個體都比任何假設的真實性故事 (assumed stories of authenticity) 有趣多了」(p. 277)。

在人類學的系統下，「真正局內人」的位置或立場，自始便是由西方人（外部或主流文化）所給予的，而「真正局內人」也被期待去扮演「土著報導人」角色，以介紹其文化內部足供西方人（外部）辨識、討論的「差異性」為任務。然而，「真正局內人」卻常因此而失去了立足於其他論述位置的可能性。因為主流學術的「意見市場」使然，對於文化差異性的訊息需求大過對文化內部問題探討的必要。第三世界女性主義者如果像西方主流文化學者般去討論文化內部問題，所要面臨的批評不是被西化了，就是「不夠黑、不夠印度」。而這正是「不夠不同」而無法顯現「差異」，繼而失去學術市場上論述價值的過程。當「西化」、「不夠本土」或「不夠真實性」的帽子扣上來時，第三世界女性主義者在文化論述場域就會進退維谷 (Narayan, 1997, p. 145)。

實則，每一個「真正局內人」都會面臨「再現」、「典型」與「權

威代表」的議題。因為，從來就不可能有真實、準確的「再現」，而所謂的「典型」更有在數量上、程度上種種無法解決的實證難題，更不用說「權威代表」內含了獨裁專斷的可能。但是反過來說，如果「局內人」沒有足夠的能力或拒絕以「典型」的論調來呈現差異性足夠的「再現」，來鞏固「權威」，那麼這個局內人的再現也會在論述場域中失去價值、不夠力道，這也就是為什麼以人類學觀點為前提的「真正局內人」立場，會漸漸將「文化」論述設定成「私有財產關係」的原因。因為不夠「典型」、「代表性」的文化描述，無法滿足外部對他者文化的想像需求。於是，私有的「真實性」讓他們在人類學的庇護下不受批評，也讓這樣的「真實性」成為一種武器，用以威脅恫嚇「局外人」噤聲。就像瑪麗蓮·傅利曼 (Marilyn Friedman, 1995) 謙卑地說：「最大的尊重就是，不斷地提醒自己，只有在不同的文化與次文化中的女性，才能理解的她們自身處境究竟為何，而那是我不大可能知道的」(p. 65)。然而，這個人類學觀點的尊重與退讓，其實危機四伏。它雖可以緩解主流文化霸權的罪惡感，卻同時給了「真正局內人」一襲免於批判的蓋毯，不但阻撓了多元豐富而真誠的社會改革參與行動，也讓他們失去了與外部對話的機會 (Narayan, 1997, p. 150)。

　　故此，娜拉揚 (1997) 認為女性主義者的政治立場與策略應超越人類學觀點，除了關懷、探討文化內部與機構操弄的議題，更應該重新描述並檢討，面對社會問題的時所既存的觀點與策略。因為所有的女性主義者，既不是自己文化內部的局外人，也不單純是自己

文化內部的人類學家,更不是為他者提供反省題材的土著報導人,也不必然會受到權力機構的影響操弄。女性主義者應以政治主體的身分積極參與其所重視、關懷的政治議題,並在不同脈絡中建構、變換不同的立場位置,縱使其中必然會牽涉鬥爭與論辯。不論處於主流或邊陲,任何文化脈絡中的局內人們都有著基本的、本質的差異。如同美國的女性主義者對色情的議題看法並不一致,印度的女性主義者亦然,在性別的題目上,對於選擇性(別)墮胎的關懷,印度本國的女性主義者也呈現了多元意見。與其重複過度強調差異的觀察,又以尊重為由來合理化不公義的研究方法,文化內外部的女性主義者應看到的是超越「族群」或「國家」的文化界線後,各種議題可能的相容與共同,才能再去探討該議題在跨越界線後的異同,始能解讀此界線的建構與其中的政治意圖。例如:人權問題是超越國界的,不能因為尊重他者(國)文化而漠視、而放任,舉凡童婚、女性割禮議題都是。遑論,環境、經濟、科技發展或是傳染病都已是國際、跨文化與社群的議題,都須要女性主義研究者去整合。在不同的脈絡下策略性地以「特使」、「映照者」與「真正局內人」的不同角色立場來運作論述功能,才能免於主體認同的固化,也才能與自身社群和外部世界進行交流,理解更多的自身文化內部的差異,以及內、外文化界線被建構、被維持的過程與現狀。

　　立基於此政治哲學、女性主義與文化資產研究等領域共通的理論架構,以多元文化觀點和立場變動的策略來進行語言脈絡文本分析與訪談研究。我不但要將自己與訪談對象「活生生的身體」經驗置

入研究脈絡，觀察、描繪不同的立場觀點以呈現多樣、包容多元。更要透過訪談內容分析，反身批判我與研究參與者的社會處境以及其中的利益衝突與壓迫，藉以鬆動飲食風俗文化中固有的性別結構。

接下來，我會在第二章以**傳統飲食文化中的性別秩序**為題，進行相關文本的語言脈絡分析，嘗試拆解歷代、民國時期、日治臺灣至今，鑲嵌在飲食文化紀錄中，交纏糾結的性別勞務分工、婦德倫理以及漢醫女性身體健康論述架構運作，藉以提出反思與批判。第三章則是以 1930–1990 年代出生的女性為訪談對象，藥食同源、坐月子以及年菜等為主題，暢談**我們的「女食」故事**，歸納、分析、詮釋所蒐集到的資料，並與第二章文本語言脈絡分析的成果進行辯證對話，藉此實踐我個人對性別認同與族群文化的主體探究之政治企圖。而在第四章**世界飲食文化遺產的前世今生**，我將透過回顧世界文化有形、無形遺產公約簽訂的進程與國際勢力的競逐，挪用遺產論述策略，重新為我們的「女食」文化傳統錨定其「保存價值」與「保存方式」。最後綜合研究成果，藉以**建構臺灣當代「女食」文化論述**，為申請登錄世界飲食文化遺產做準備。

02 / 傳統飲食文化中的
性別秩序

第二章　傳統飲食文化中的性別秩序

專心紡績，不好戲笑，絜齊酒食，以奉賓客，是謂婦功。（班昭《女誡》）[1]

諸母諸姑所修婦功，無不蘊習酒食，朝夕養舅姑，四時祭祀，雖有功力，不任僮使，常手自親焉。（崔浩〈食經敘〉）

昔蘋藻詠於〈國風〉，羹湯調於新婦。古之賢媛淑女，無有不嫻於中饋者。（曾懿《中饋錄》）[2]

一直以來，我便知曉在中國文學作品中，不乏以美食、茶酒為主題的書寫紀錄。舉凡陶潛、李白、蘇軾乃至張岱，莫不藉由詩歌散文在飲食敘事中抒發己志揮灑浪漫（余文章、鄧小虎，2018）。然而，由女性書寫而成或專為教導女性烹煮的飲食文學紀錄卻十分稀少。幾經查找，在討論女性與飲食關係的文獻中，常是從歷史上少有的女性書寫食譜紀錄談起。例如相傳《食經》乃北魏崔浩整理母親盧氏口述，加上盧氏親撰而成。《崔氏食經》其本雖不復完存，卻仍可尋得崔浩在〈食經敘〉上言：「諸母諸姑所修婦功，無不蘊

1　詳見中國哲學書電子化計劃 https://ctext.org/hou-han-shu/lie-nv-zhuan/zh#n77549，條目 15。

2　詳見中國哲學書電子化計劃 https://ctext.org/library.pl?if=gb&file=148675&page=508#%E4%B8%AD%E9%A5%8B。

習酒食，朝夕養舅姑，四時祭祀，雖有功力，不任僮使，常手自親焉」（逯耀東，1993，頁 16）。另有宋代浦江《吳氏中饋錄》，簡明扼要地說明了七十多道菜餚作法，[3] 或再談到明代宋翊在《宋氏養生部》中抄錄其母所授之官宦菜色（趙建民、梁慧，2014，頁 191–206）。最後，清代女醫曾懿，雖精醫術倡女學，除《醫學篇》、《女學篇》之外，亦著《中饋錄》言：「昔萍藻詠於〈國風〉，羹湯調於新婦。古之賢媛淑女，無有不嫻於中饋者」，書中紀錄如何運用醃漬的手法力行節約、保存食材，同時又注重衛生。[4] 這些文字片段說明了，自古以來，已婚女性在煮食勞務上的親力親為，應是一種不分貴賤的傳統規範。

探疑「婦功」

細想崔浩言，「修婦功」即不假他人，從洗手作羹湯伺候公婆，到張羅祭祀大小事，無不是婦人之事。但《崔氏食經》本文亡佚僅存斷簡殘篇，故無從得知其母盧氏與其姑眾人是否真如所言，知婦

3　《吳氏中饋錄》收於元陶宗儀《說郛》，名為《浦江吳氏中饋錄》，該錄亦載於《綠窗女史》及《古今圖書集成》中。

4　《醫學篇》、《女學篇》與《中饋錄》收錄於《古歡室集》，資料來源：哈佛燕京圖書館館藏掃描。詳見中國哲學書電子化計劃 https://ctext.org/library.pl?if=gb&res=96220。

功其然亦傾力於婦功之所以然，或僅是崔浩此人欲以「婦功」二字連結《後漢書・列女傳・曹世叔妻》中之「婦德、婦言、婦容、婦功」，暗示其學、其言自有承繼？

然曹世叔妻為何許人耶？若對著述漢書的班固與遠征西域的定遠侯班超不陌生，那曹世叔妻正是他們的妹妹班昭。[5] 且按下不表中外女子婚後即從夫姓氏，甚而無名無姓之父權傳統。班昭，若對這東漢儒學女史官就算沒有如雷貫耳，至少有所耳聞。更會疑問當年這上知天文、下知地理，博學多聞的奇女子，何故「閒作女誡七章」，不但不爭女權，更是要求宗族女性凡事卑微、退讓順從，並以服侍夫家上下為要則，立下千年中國男尊女卑、三從四德的規範；更在宋代程朱理學的推波助瀾下，漸漸成為嚴苛教條，終而在明清之後成為牢牢枷鎖（朱曉娟，2003，頁 36，136；陳東原，1997，頁 129–161，173–215）？中國五四運動後興女學，對此「女四書」之首尤是嚴厲批判。[6]

不過，後世學者針對班昭作《女誡》的背景與動機經過深入探討後亦有他見。一是強調班昭師承西漢儒學，依循三綱五倫理所當

5　曹世叔妻乃東漢才女班昭，班彪女、班固妹，父兄身亡未能完成《漢書》，由班昭與馬續共同完成。據載，班昭閒作《女誡》七章，倡男尊女卑、三從四德等「婦德」觀念。詳見中國哲學書電子化計劃 https://ctext.org/hou-han-shu/lie-nv-zhuan/zh#n77549，條目 8–21。

6　《女四書》為清代王相箋注，匯東漢班昭《女誡》、唐宋若昭《女論語》、明仁孝文皇后的《內訓》及王相母劉氏之《女範捷錄》。

然；另是熟稔兩漢歷史之外戚與士族政爭，稍有不慎即身陷囹圄或命喪黃泉；三則班昭才學受賞識，嘗隨鄧太后輔佐幼主，宮闈鬥爭盡在眼底，時步步為營、懷抱恐懼；再加上自身早寡，對女子在世間遭遇的困難實乃生命經驗之深刻體悟（李于芳，2016；金璐璐，2019；蔡荷芳，2009）。或許，《女誡》也可以被理解成是斑斑血淚之作，是漢代女子智慧累積的生存法則。貴族女性尚且如此戒慎，平民女子在生活中所要面臨的恐怖害怕豈會少哉？又或者，平民女子才會少些束縛？那麼對於現代女性呢？

　　以自身立場所觀察到的現象，我認為婦德規範對於現代女性仍有相當的影響。例如，嫂嫂們在婚前、婚後與我的一些對話：

　　X 嫂婚前問我：「我看到伯母把棗子皮削了給妳哥吃，我以後也要這樣嗎？我媽媽說學婆婆怎麼對待兒子就對了，但這怎麼可能？」我：「我媽退休了時間太多，妳就別放心上啦！」

　　Y 嫂：「我好害怕喔！我不知道要怎麼跟媽溝通，我沒有住過別人家……。」我：「別緊張，放輕鬆，我也常常不理媽說什麼。」

　　母親和幾位嫂嫂都是大學以上、碩博士學歷的知識分子，當時的我應該也是天真地以為，她們之間應不會有婆媳問題。殊不知人與人之間的和諧與否，跟學歷、見識並無關聯，時空脈絡中的權力結構和利害關係才是真正的重點。嫂嫂們與我對話的這些片段，就像是「未諳姑食性，先遣小姑嘗」的另類現代操作。我感覺到 X 嫂母親的教導，較能與東漢曹大家的心意相合，應是她長年累月深刻體會，所揣摩出之維繫婚姻與家庭和諧的辦法。後來，Y 嫂如願搬

離婆家，但因工作而無暇準備晚餐，為了年幼的女兒們仍須天天回婆家吃飯。我依稀記得，她飯後站在洗碗槽前，面對一家子的碗盤，又不敢接受我的幫忙，那無奈又疲累的臉龐。

在這兩段對話與後續的發展中，就可以發現煮食勞務、倫理與性別秩序的連結。首先，男性（我的哥哥們）與煮食勞務的關係並不緊密。從準備食材、烹飪到收拾洗滌餐後碗盤，都是由女性負責。再者，在經濟與倫理的面向上，母親似乎扮演著權力中心的角色。因為她可以決定為誰的喜好來購買食材，並且以她認可的方式來烹煮、處理菜色，嫂嫂則是要「學起來」以後做給我哥哥吃。又例如，只要我回家吃飯，滿桌子的菜一定都是我喜歡的，而餐後的水果則明顯是為哥哥和孫女們準備的。嫂嫂們會「主動」在母親的廚房裡「幫忙」，她們的謹慎與警覺每每表現在無須多說的餐前碗筷擺放、餐後的收拾整理。在這個家庭聚餐的煮食勞務脈絡裡，我與姪／孫女們幾個生理女性跟著哥哥們，因著倫理關係與權力架構，好似被幾位從事煮食勞務的女性們推向界外，劃入男性處境範疇框架，得而理解可能是「另一個性別位置」才能體會的複雜感受。與其說輕鬆理所當然，也有著幫不上忙甚至可能幫倒忙的無力感與窘迫。

然而，這看似以母親、婆婆運轉的權力架構卻也非表面的穩固。因為，母親的烹飪考量，從材料選擇、煮食方式到口味調配都是以子女及孫兒為主，並非為著她自己。在我曾經有的生活經驗當中，母親就在「為妳煮食」這一個敘事簡句中，以主觀心理意圖（想要）來完成「非必須」但「我想要」為妳們煮食的行動表述（詳頁33

說明）。因著關懷與愛，母親慣常把自己放到了以煮食來服務晚輩的權力邊緣位置。而此同時，在一連串的煮食勞務的末端，緊接著的是因時空條件限制與教條倫理規範，失去參與實際烹飪行動權利的嫂嫂們，「必須」負責她們可能「不想要」做的餐後收拾，因為家庭聚餐後的洗碗通常是極度辛勞卻鮮少受到感謝的。在那當下的婆媳關係脈絡中，我與哥哥們雖在自己家中都會負責家務，並不敢輕舉妄動，以免為難了嫂嫂們。也就是說，我們雖因著母親的寵愛，暫時被母親放在煮食勞務過程的權力中心、享受餐食，卻也失去選擇勞務的主動權。

　　事實上，自認婚姻失敗的母親對我的諄諄教誨，從來就是以學業與事業為重。對於煮食相關勞務，不論是採買、煮食或餐後收拾我從未參與，反倒是我的兄長們偶爾負責採買雞蛋、醬油等雜貨。母親予我之訓責，大多希望在人際關係應對方面能更「婉約溫柔」、「光芒收斂」。日後回想起來，那或許是母親怕我個性直率，婚後可能不懂體諒夫婿、婆家相處。母親與我之間，對於「當個女人」的概念一直有著「代溝」。如同我在〈1968–1978 年臺灣《婦女雜誌》的女性論述建構〉中所提到的，「既使體認到 1970 年以後社會變遷迅速，女性不再僅以追求婚姻及家庭為滿足，主流與另類的女性論述的拉鋸戰在《婦女雜誌》仍持續著（陳儀芬、孫秀蕙，2016，頁 84）。縱使經歷臺灣女性在離婚時的法律弱勢，也感受到主流社會對於單親的歧視，母親對於像是呂秀蓮 (1976) 等自由主義女性主義者，所謂〈先做人，再做女人〉的另類論述不甚了了，她仍是希

望我終有歸宿、幸福美滿。但她對我在家務及煮食勞務的訓練上的毫無要求，早就已經埋下我懷疑、反抗傳統家庭勞務性別分工的種子。2019 年 5 月 24 日同性婚姻法案在臺灣正式生效，我與同性伴侶的雙親相處時，在煮食勞務方面，對方即以傳統異性戀的姑舅之態對我，這才多少明白了嫂嫂們當年的苦處與無奈，以及母親為我擔心、設想的一切。

每當意識到東漢到現代的女教規範，似乎仍是相同的，就難免讓我掉入傑莎・克里斯平 (Jessa Crispin, 2017) 所說的女性主義憤慨文化 (outrage culture) 裡。根基於西方女性主義的訓練，在面對東方傳統文化時，特別是關於婦德與女教規範的文獻紀錄，我很難不採取批判的觀點與立場去看待女性被集體壓迫的本質與歷史。然而，重新反省我與嫂嫂的對話以及那些家庭煮食勞務脈絡的點滴，我也可理解母親對待女兒和對待媳婦，當然不會相同。而我與嫂嫂的對話回應中，也有著不干己事的輕鬆與請妳「順從忍讓」的內涵。也就是說，立場的變動，不僅關聯著權力位置，也牽涉了脈絡詮釋。可能不自覺地成為傳統女教規範的幫兇，同時也可能是翻轉主流論述的憤慨能量發源。

我發現，不僅性／別區分是社會建構的角色扮演 (Butler, 2011)。女性經驗與人生歷練也都是各式各樣的角色扮演與關係互動，甚至，角色常互換對調。沒有人能夠演到所有的角色，而每一個人也會用不同的方式去扮演某個角色，人生舞臺上演出的更絕不會是獨角戲。並非所有的婆媳關係都糟糕透頂，也無須假設母女之

間必是無話不談，那姊妹、妯娌姑嫂的互動更是沒個準。也就是說，當下妳／我的時空脈絡與權力關係永遠在變動，正如同丹尼茲・坎迪約提 (Deniz Kandiyoti, 1991) 所提醒的，不應再視父權架構與壓迫為普遍存在，而是要以當下彼此的「關係」去呈現對研究議題的關懷，也要以在「當下脈絡」中的「關係」討論之。因為，自我認知扣連著我們所處的文化脈絡，我們會在特定的「道德空間」(moral space) 中進行自我理解與關係確認 (Taylor, 1989, p. 26, 35)。更因為在後現代世界中，「社會現實是被活出來的社會關係，我們最重要的政治建構，〔是〕一個足以改變世界的虛構」(Haraway, 2010, p. 245)。

那麼，且讓我們再度審視那《女誡》中的四大「婦行」與其文化脈絡：

婦行第四：女有四行，一曰婦德，二曰婦言，三曰婦容，四曰婦功。夫云婦德，不必才明絕異也；婦言，不必辯口利辭也；婦容，不必顏色美麗也；婦功，不必工巧過人也。清閒貞靜，守節整齊，行己有恥，動靜有法，是謂婦德。擇辭而說，不道惡語，時然後言，不厭於人，是謂婦言。盥浣塵穢，服飾鮮絜，沐浴以時，身不垢辱，是謂婦容。專心紡績，不好戲笑，絜齊酒食，以奉賓客，是謂婦功。此四者，女人之大德，而不可乏之者也。然為之甚易，唯在存心耳。古人有言：「仁遠乎哉？我欲仁，而仁斯至矣。」此之謂也。[7]

　　足見，「不必」乃是「婦行」之實際執行要點：「不必」如此，只須這般。彼時班昭受召入宮，后妃盡皆就教，人稱曹大家的班昭，並不反對女子讀書求知。但稱知書是為達禮，以求動靜有法；擇詞且不言惡，故能不厭於人；盥洗沐浴以求身潔衣淨，婦容即足矣。惟應專心戮力於女紅、備酒侍奉賓客，始為婦功。這班昭諄諄囑囑的女子教育內容，雖處處可見退讓、被動，但從班昭在《女誡》「夫婦第二」中，言明：「禮貴男女之際，詩著關雎之義……但教男而不教女，不亦蔽於彼此之數乎！」來看，她鼓吹女子識字讀詩書，是為教女子知男女分際之禮，成窈窕淑女，而非與男子爭高下論長短。細想，以符合儒學倫常為宗旨，倡知書達禮男女皆然、進退應對男女有別，誠意關懷後輩於當下處境，才是班昭作《女誡》的真正緣由，無非「明哲保身」、「視時務」的真知灼見！更須知女教婦德傳統絕非一日寫就，憤慨之餘，應冷靜深思、探究創制傳統的論述過程與運作。

　　縱使中國女教傳統，多將婦德論述定調於班昭《女誡》成書之後，我不禁懷疑，這是連「曹大家都曾這樣說」的一種引用權威發言 (authoritative voice) 之修辭策略。將卑弱忍辱、敬慎事夫、曲從舅姑、從一而終等等說法，論述成理所當然的女教婦德規範，在既有的封建架構與歷史的流轉中，不斷地被扭曲誤解，終成女性的桎梏。朱曉娟 (2003) 在追溯貞節觀發展時就指出，「秦漢時期提倡婦女守節者不乏其人……貞節觀的推動流於宣導、唱高調，且沒有相關法條規定違犯貞節的罰則，故始終不受人們重視。」秦漢時代是

貞節觀的理論宣導、推廣的一個過渡時代。然而,到了時局動盪的
魏晉南北朝,對於女德的強調雖仍在溫柔,卻已漸漸走向「立節垂
名」(p. 20)。

　　若再重回到煮食的題目上來看,則可見班昭這個女子應「絜其
酒食,以奉賓客」的煮食勞務,在魏晉南北朝初期就被裹入中國傳
統婦德的大包裡。因為,在崔浩筆下的〈食經敘〉中,勞動內容已
經成為「蘊習酒食,朝夕養舅姑,四時祭祀,雖有功力,不任僮使,
常手自親焉」了(逯耀東,1993,頁 16)。逯耀東曾考據推斷,
《崔氏食經》中的食譜,在材料準備方面,從分量上看來相對地大,
可能是因為時值中原喪亂,士族在戰亂中顛沛流徙,習於同炊共食
的北方家族,食口眾多可觀,遂須由「諸母諸姑」共同負責。逯耀
東也將盧氏口述的《崔氏食經》,詮釋為盧氏主持崔氏家族的經驗
累積與紀錄,把盧氏出身世家貴族,仍恪守「蘊習酒食,朝夕養舅
姑」,視為承襲「婦主中饋,惟事酒食衣耳」,「進履襪於舅姑,
踐常之義」,乃極具歷史與文化意義的表現。逯耀東也認為《崔氏
食經》的內容,在當時胡漢糅雜的社會中,不但延續農業文化的飲
食傳統,更保存了士族大家中婦女地位與活動的重要資料(逯耀東,
1993,頁 22,25–26,36)。

　　然而在這裡我卻想要用「白馬非馬」的態度上下究竟,用修辭
分析來比對崔浩字句中所呈現的文化保存與傳統承襲。可看到的
是,〈食經敘〉中所述之種種「婦功」,與曹大家的不盡相同。崔
家「諸姑諸母」所修「婦功」,在工作內容的項目上不僅多了許多,

在作法上對「不任僮使」、親力親為的強調，也顯與曹大家的「婦功」有所出入。我要說明的是，崔浩在此其實進行了某種修辭操作，讓「煮食」這個看似簡單的「勞務」指涉，溢出了「煮」這個動作意義之外，而成為一種「虛構」。虛構女性為煮食動作的集合主體，虛構其「道德空間」，甚而虛構出所有女性皆應親自為人煮食的傳統婦德文化。用一種承繼曹大家言「婦功」來訴諸權威，用「諸姑諸母」皆然與其母口述、親撰來進行再確認，將《食經》的書寫從食譜紀錄往儒學承繼、女教婦德與傳統文化的頂上推。把班昭《女誡》中關懷照護後輩女性的心意與精神，篡改成女性勞動的道德強迫。於是，在這個以修辭取徑來分析、探討與女性煮食勞務相關的文獻過程裡，就可發現那個歷史書寫與傳統的運作與建構過程，進而對於「虛構」歷史與「創制」傳統有更深入的理解。有助我觀察在不同的關係脈絡中，立場觀點的呈現與多元詮釋的可能，藉以解構特定傳統說辭。

　　舉例來說，家世顯赫的林文月 (1999) 曾在《飲膳札記》中記錄了其母與長輩們對於烹飪技藝傳授與叮嚀：「女孩子要會蒸糕、包粽子，才能嫁人」（頁 69）。[8] 與林文月一般出身臺南望族並書寫飲食的辛永清 (2012) 也曾提及類似女性婚嫁的條件：「台灣自古就認為女子不會殺雞便不能嫁人……不會殺雞做菜就稱不上女人。一個女人不但要懂得裁縫，還要具備殺雞、包粽子、做年糕這三樣本

8　林文月母親連夏甸為《臺灣通史》作者連橫之長女。

事，否則無法勝任一家的主婦」（頁 91）。這裡最明顯的差異項，首先就是「殺雞」。辛永清曾描述辛母為落實女兒們諳殺雞始嫁之，目睹她驚嚇淚流的姊姊，如何在傭人們眼前殺雞取血。而有別於從小就學著劈柴、穿梭廚房內外的辛永清，那同是 1933 年出生的林文月，走進廚房的時間點則大不相同。25 歲之前林文月從未碰過鍋鏟，烹飪技藝也非承自母親，而是「道聽途說，或與人交換心得」，或是自己摸索學習而來（林文月，1999，頁 1–2）。如此這般，僅是臺南地區的「傳統」尚且不同，何況其他？在我的記憶裡，殺雞取血來做「糯米雞血」的過程，就一向是發生在爺爺的日式宿舍庭園空地上，由男性長輩們合作為之。意即，類似「台灣自古就認為……」，這樣蘊著「傳統」意涵卻又不盡然的說法，其實不斷出現、運作在我們的日常生活中。然而，不論是口耳相傳、約定俗成，或者重要人物的文字紀錄與口述歷史，我們都應該提高警覺，尊重其為「片面」主觀的真實經驗，切不可將其放大為普遍的「客觀」事實，對於「傳統」與「道德規範」的理解尤是如此。

　　近年，學者們透過報章雜誌、文學作品的查找與問卷調查研究也發現，女性在婚後應負起家庭膳食之責的觀念，從民國時期到至近年雖大致相同，但在人力安排、權力階位與執行內容上，都因著社會經濟、家庭結構以及食品商務的改變，發生了相當程度的差異（吳燕秋，2018；林昱瑄，2019；陳玉箴，2016）。更可見女性與煮食勞務的緊密連結，是一種可以被解構而重新建構的傳統論述。

究竟「婦德」

　　透過對女性煮食勞務紀錄的修辭分析，可窺知異於正史的其他文化面向，並與之對話。循其理，煮食乃婦功，而婦功乃傳統文化中婦德之要項，故而，探討與婦德相關議題的演變也應是探討女性煮食勞務的可行路徑，尤其是面對如此稀少的文獻紀錄，觀察婦德在歷史環境脈絡中的發展，對煮食與女性地位的關聯應有所助益。

　　東漢《女誡》後，女性煮食勞務雖成為婦德要項之一，然在文獻上真正關於女性煮食能力的記載，要遲至北魏《食經》始得見。我的推論有二，一則是飲食書寫並非中國文人、士大夫所重視的正統文類；二則是女性的煮食傳承，多為母系口傳，然因婦女識字率低以及烹飪技術本身的特質，使得相關紀錄無法藉由書寫而完成。[9]這個現象一直到日治時期甚至戰後的臺灣都沒有改變，例如臺南「安閑園」裡，在廚房中幫忙的媳婦、女兒們是透過「口傳」來準備祖先供品的內容（辛永清，2012，頁 118）。王宣一 (2016) 在《國宴與家宴》當中也提過，隨著母親在廚房、菜市場跟進跟出，「似乎從來沒有怎麼正正經經的問過她這菜怎麼做」，「看多了跟著演練也就會了」（頁 124–125）。細細回想我自己怎麼學做菜的？說實在也沒人真的教過我。成長在升學主義的 1970–1980 年代，不論

9　烹飪在技術與內容上應屬「默會知識」(tacit knowledge)，專指無法單純透過語言文字進行教學的知識與技巧，是一種需要實際操作並加以體會揣摩始可習得的領域範疇。「默會知識」是博藍尼 (Polanyi, 1985) 所提出的重要概念。

是家庭或學校,以裁縫與烹飪為主的家政教育屬於表面功夫,甚至是完全被輕忽的課程規劃。即便如此,至今我仍然在臺灣社會中感受到,女性煮食勞務之為婦德要項所構築的倫理框架與性別秩序,這個根深蒂固的「傳統」與「道德規範」。

中國歷代至民國初年

續前所論,我認為將儒家一脈相傳男尊女卑的倫理概念,以實際勞動的描述置入「婦功」內容中,才是崔浩書寫〈食經敘〉中的重點。正如《禮記・玉藻》所載:「君子遠庖廚,凡有血氣之類,弗身踐也。」又如《孟子・梁惠王章句上》:「君子之於禽獸也,見其生,不忍見其死;聞其聲,不忍食其肉。是以君子遠庖廚也。」在我的歷史想像中,文人、士大夫們如是搖頭晃腦、理所當然地相信著:「書上都這樣說了,除了母親姊妹沒法兒寫給我們讀,我們也不該學。廚房的事就是婦人之事,一切交給『諸母諸姑所修婦功』就對了。」兩手一攤,無事一身輕,只要把女性的煮食勞務寫成儒教人倫、一脈相傳的大道理就是。

再說崔浩《食經》成於北魏,雖本文大多亡佚,彼時女德已從東漢的「專心第五:禮,夫有再娶之義,婦無二適之文,故曰夫者天也」,[10] 進展到「立節垂名」(朱曉娟,2003,頁20),〈食經敘〉

---

10 詳中國哲學書電子化計劃 https://ctext.org/hou-han-shu/lie-nv-zhuan/zh#n77549,條目 16。

的確也將《女誡》中「絜齊酒食，以奉賓客」的婦女煮食勞務擴大到「蘊習酒食，朝夕養舅姑，四時祭祀，雖有功力，不任僮使，常手自親焉」了（逯耀東，1993，頁16）。可見女性煮食勞務與女教婦德的傳統構建與擴張，既使沒有同步也頗有關聯，在宋代出現浦江《吳氏中饋錄》，應該不是偶然。

關於女教與婦德的內容方面，宋代文人對「事舅姑」（伺候公婆）更是多有強調。如〈胡翼之遺訓〉中，言明要將女兒嫁入比娘家家世好的，因為這樣女兒才會謹慎服侍對方；反之，娶媳婦則應娶背景不若自家的，如此一來媳婦才會好好伺候公婆。[11] 北宋司馬光、袁采、鄭太和等人皆言公婆居至高的地位，媳婦只可悅之、順之，不論是否受到喜愛，都只能敬之、任之而已，或則遭「出」。[12] 宋代婦女不僅恪守婦道、盡力孝養，在舅姑罹病時更要「不離側」而「親調嘗藥餌而供之」（司馬光，1996，頁163）。甚至有「割股療」、「取肝療親」這樣的記載，歌頌宋代婦女為公婆犧牲奉獻的節操（王安石，1979，頁574）。從這些紀錄中都可以發現，

11　「嫁女必須勝吾家者，勝吾家則女之事人必欽必戒；娶婦必須不若吾家者，不若吾家則婦之事舅姑必執婦道。」宋胡瑗，〈胡翼之遺訓〉，收錄於宋劉清之，《戒子通錄》卷五，詳中國哲學書電子化計劃 https://ctext.org/wiki.pl?if=gb&chapter=431206p.55-56，條目13。

12　七「出」，古時的休妻條件：一為無子，二為淫佚，三為不事舅姑，四為口舌，五為盜竊，六為妒忌，七為惡疾。詳見教育部重編國語辭典修訂本 http://dict.revised.moe.edu.tw/cgi-bin/cbdic/gsweb.cgi?o=dcbdic&searchid=Z00000098190。

女性為他人所進行的煮食勞務，已漸漸與女教婦德交織成為他人服務、犧牲的「道德空間」。自東漢班昭《女誡》「曲從第六」始，對於維繫婆媳關係的建議，宋代已進展到「姑云不爾而是，固宜從令；姑云爾而非，猶宜順命。勿得違戾是非，爭分曲直」。[13] 尊夫為天、盡孝舅姑，宋代婦女在家庭的地位與公婆的相處竟不止要「曲從」，更要悉心奉養、調嚐湯藥。不禁令人懷疑，在宋代出現的浦江《吳氏中饋錄》，扼要地說明了七十多道菜餚作法，莫不是在為婦德、婦功提供操作方法，實際解決婦女日夜奉養舅姑、尊夫為天的煩憂？

　　若另從守節與貞操概念探入此題，更可見宋朝士大夫並無嚴格的節操感，富豪者則多妻妾成群，耽溺聲色，甚至開啟嗜處女之風（陳東原，1997，頁 145）。關於通姦的律法亦是循唐律偏頗男性，不僅允丈夫捉姦，更可誅殺通姦之妻以免家庭不睦（謝深甫等，1975，頁 612–613）。然而，宋代婦女是否真因著程朱理學或是相關禮法，在社會、家庭內地位低落，學者間仍有爭議。其時，多位文人鼓勵女子教育，且女性保有財產權。守節可視為一種丈夫家族對已婚婦女的依賴，亦有著讓她們繼續為夫家守業的考量。故將程朱理學倡「存天理去人欲」解釋為撥亂反正之議，而非行壓迫女性之實，也把宋代的貞節觀、通姦律法、社會禮教，歸類為明清時期

提倡極端烈女的醞釀與起點（柳立言，1991）。或有董家遵 (1990)
彙整《清稗類鈔》與《古今圖書集成・明倫彙編・閨媛典》，除統
計了歷代節烈婦女，亦提出宋代是節烈觀念轉強的歷史時刻，且影
響了明清時期的貞節觀（頁 110–117）。在《矢志不渝：明清時期
的貞女現象》一書中，盧葦菁 (2010) 系統性整理了明清時代，政治、
社會與家庭背景，如何影響貞節觀念內化的道德養成。郭松義 (2001)
則是發現，清代政府雖以表彰為手段，鼓勵婦女守貞、守節，但基
於實際生活需求，寡婦再嫁即使可能受到譴責，仍在中、下階層被
容許。時至清末，四川才女曾懿雖精醫術、倡女學，卻仍於其《中
饋錄》自表與曹大家一脈相傳，承《詩經》曰：「昔萍藻詠於〈國
風〉，羹湯調於新婦。古之賢媛淑女，無有不嫻於中饋者」。據傳，
晚清四大名臣之一的曾國藩也是立下規矩，要求女兒、媳婦們負責
「食事」，在早餐後製作小菜點心酒醬等（戚世皓，1983）。

　　綜而論之，中國歷代以來，除了將女性煮食勞務整括入婦德要
項的論述，為男尊女卑的性別秩序，立下基樁、架起雕梁，更結合
了律法與儒家教條，限制婦女在婚姻、經濟與智識發展各方面的自
主權。而透過以上所整理種種記載，不難想像從唐宋到明清，座座
立起的貞節牌坊，代表了多少女性所流下的辛酸血淚，甚至性命枉
送。她們悉心煮食、伺候公婆，以免遭出。婦女未寡，尚以夫為天、
從一而終，然若夫君有個閃失，則「餓死事小，失節為大」。遙望
彼時，中饋絕非是長擅七十多道菜餚的揮灑之姿，而是被悅、順、
敬、任舅姑，尊夫如天壓垮的佝僂，是被守節與貞操觀套上枷鎖的

淚流，直至民國時期興女學後猶難以撼動。

　　吳燕秋 (2018) 在〈民國時期婦女的家庭煮食勞動與飲食保健〉中指出，從文學作品與訪談口述紀錄裡可以發現，彼時女性就算是嫁入有能力僱傭煮食的家族，身為媳婦仍是需要親自負責或督導廚務，更要伺候公婆、丈夫與回娘家的小姑。上海都會區的報章雜誌裡，也出現過批判婦女太過注重裝扮，多將家務交予僕傭，不但強調烹飪是女性本分，更歧視廚工的衛生與營養觀念不足將危害家人健康。更有受過高等教育的婦女認為，女子一旦上學受教育，即無暇自母親處習得灑掃、應對、縫紉、烹飪、撫嬰、教子等為人妻母的基本知識，未來將無能以持家，並貶之為「不學無術」者流，故而鼓吹設立家政專門學校，訓練家事教師（頁 75–77）。然而，在民初時期這樣憂女學害家務的脈絡下，我們可以看出，教育不但沒有成為讓婦女自繁忙家務解放出來的動能，那隨著家政教育概念與專門學校的順勢而起，還重新再度鞏固了家務性別分工的刻板印象與傳統性別秩序結構。繼而造成二戰前後的中國與臺灣女性即使受過教育，有能力外出勝任工作後，還是需要負責家務與煮食，可說辛勞更甚於過往。

臺灣日治時期、戰後至今

　　臺灣日治時期，殖民政府自 1897 年開始陸續於臺灣各地設置
高等女學校。課程規劃中，除了修身、國語、讀書、習字、算數、
唱歌，也加上裁縫、編織、刺繡與造花等技藝學習，[14] 目的就是要
培育學生成為具有家政育兒知識以及日本傳統婦德的賢妻良母。嚴
格的訓導規範，德智體群美並重的校內、外課程活動，更造就了臺
灣全才獨立的現代女性。1931 年日本在中國東北建立滿洲國，同年
臺北第三高女即有射擊課程的紀錄。1937 年至 1945 年，從殖民政

■ 臺北第三高女射擊課程（資料來源：國家圖書館《台灣記憶》）

14　根據 1898 年 8 月 28 日的臺灣日日新報附錄第 62 頁與 63 頁，由臺灣總督府
　　公布的「臺灣總督府國語學校第三附屬學校規程」資料來源：中央研究院數位
　　文化中心 https://catalog.digitalarchives.tw/item/00/48/8c/07.html。

府開始推動國民精神總動員到二戰結束，期間的高女畢業生更與在臺的日本婦女共同組成保甲團與救護班，貢獻己力（游鑑明，1994，頁 87）。不過，這顯然是在戰爭時期需要女性加入後方生產勞動行列的現象，參戰各國皆然。戰後的復甦期，也都是盡量回歸傳統穩定的社會與性別架構。例如：美國女性就業率也是要到 1970 年代末期才隨著民權運動和女性主義的結合才開始上升 (Levy, 1998; Messer-Davidow, 2002)。而臺灣的第一波婦運，則是 1970 年代以歐美自由主義為基礎，由呂秀蓮積極倡議的「新女性主義」，女性就業率也在經濟迅速發展與急需人力的背景下，不斷上升（陳儀芬、孫秀蕙，2016，頁 85）。

國民政府遷臺初期的教育政策，除部分延續日治時期的作法，也引進民國初年在中國施行的制度，並致力於義務教育的普及，但沒有特別推動新的女子教育政策。然而，正是為了推廣國民義務教育而開始需要大量師資，也因著「女性較有耐心、愛心」的刻板、傳統觀念，臺灣戰後專設的女子高等教育即始於師範系統。[15]1953 年之後，護理、家政、商業及外語等類科的女子大專院校也相繼

---

15 戰後第一所女子師範學校「臺灣省立臺北女子師範學校」成立於 1945 年，前身即為日治時期的「臺北第一師範學校」所屬的「女子演習科」，堪稱女子最高學府。戰後的該校新學制改為招收初中畢業女生，修業三年，用以培育國小及幼教師資。為落實動員戡亂時期的軍事生活管理和愛國教育，全體學生住校，以臻「明師、賢妻、良母」之目標。我母親所就讀的「臺灣省立高雄女子師範學校」，也在 1954 年成立，後改制為高雄師範學院、高雄師範大學。

改制或新興成立。但是，直至 1980 年代，我的中學階段，不論是學者研究、媒體報導或是教育部的統計資料都顯示，相較於男性，女性高等教育發展的過程不但緩慢，在質量與類科的表現上也呈現「男理工、女文商」，充分反映了傳統性別分工對於科系選擇的影響（中央社，1993；游鴻裕，1990；謝小芩，1998；教育部統計處，1996）。不僅如此，在課程與教材的安排上，女子教育也仍是為著傳統家庭的賢妻良母做準備。以文獻探討及訪談的方式，整理自 1958 至 1985 年的臺灣女子及家政教育發展過程，謝依玲 (2006) 指出，傳統性別角色的刻板印象與分工概念，除了影響戰後近 30 年的女子教育政策，也左右了學生選填志願及未來的生涯規劃，其中更「灌輸料理家務是女性的天職的觀念」。以女子高等教育的家政類別為例，女子家政專科學校的設立宗旨與教學目標，「仍舊受到傳統『賢妻良母』的女教觀念所影響」（頁 380）。不僅如此，在生活與道德教育方面，完全呼應了古來「婦德、婦言、婦容、婦功」的要求，加上重視乾淨、整潔的勞動教育，培育治家能力、以家庭為優先的觀念，使得學校有著「新娘學校」的名聲。而且，這些在 1985 年前畢業的女子家政專校生，雖在訪談中贊同兩性應有平等受教權，卻也表達了女性仍應以家庭優先、反對女性走出家庭的意見（謝依玲，2006，頁 377，403）。

　　曾為實踐家專美工科主任的「臺灣工藝之父」顏水龍 (2017)，就在 1978 年的回顧中提到：

謝先生（按：實踐家專創辦人謝東閔）希望我在實踐家專……
創辦美術工藝科……。為配合女性的特質，且將來成為家庭主婦的身
份，因此教學的目標多少偏於手工藝設計……均能學以致用服務於社
會，就業率達九八點八％，由此例，本人覺得稍感安慰。（頁 194）

由此可見，1970-1980 年代臺灣大專院校的教育規劃，仍是以
性別分工為基準，緣著經濟起飛的脈絡，不但鼓勵女性在畢業後投
入職場，也應在婚後負責家務。細想我自己的國、高中階段，也應
是在這種女子受教育，習得一技之長以貢獻社會、分擔家計，更要
如傳統婦女般負起治家育兒之務的社會氛圍中。於是我理解到，就
算年代與實際的課程項目、內容不同，自己與母親根本還是在同一
個女子教育系統下成長的。當年那些與她的爭執，或說不願意接受
自己「像母親一般」的想法，與其說是因為不滿母親被傳統女教婦
德、父權體系制約、被忠黨愛國的觀念綁架，更有可能是自己不願
意承認、也掙脫不開，在臺灣現實社會中，我也許真的只能是個「女
人」，那已被內化了的牢固性別框架：「再怎麼成就事業，終究也將、
應該、必須是一個賢妻良母而已。」

1990-2019 年間，家庭照護、煮食等家務類別和時數分配，與
女性收入、地位之間的關係，開始出現板塊移動與程度轉變。研究
指出，女性若是能夠取得高學歷、高收入或職業本身的高社會聲望，
花在育兒的時間就會縮短（王舒芸、王品，2014），也可以有較高
的「資本」與「地位」來面對公婆、要求長輩幫助，並在家務的分

配上有更多的選擇（林昱瑄，2019，頁157）。然而，就算家庭晚餐型態業已隨著少子化、外食容易、女性就業率增加、工時延長而改變，愈來愈多年輕一代的女性抗拒著家務中最是辛勞複雜的煮食工作，並轉由高齡婦女繼續承擔煮食責任（陳玉箴，2016，頁86-87）。這一切展現出的卻是煮食勞務性別分工觀念依舊，且在此同時，傳統家庭飲食內容的整體知識系統與技藝傳承——「女食」也出現了明顯的斷裂。

2019年5月24日，我在臺灣同性婚姻專法實施當天註冊結婚。婚後，常有人好奇我和另一半：「妳們在家誰煮飯……」或者：「啊！妳煮飯所以妳是『演』太太……」云云。這些當然是異性戀對同性伴侶的角色扮演，最標準的刻板印象提問與想像。但我卻驚覺，這些除了再度反映出飲食傳統文化中的性別觀之外，透過煮食勞務分配所建立的性別秩序與位階操作，恐怕已將異性戀的性別權力框架複製到同性戀的家庭結構中，狀況也將更難釐清。或許會如同女學初興時一般，不但沒有讓婦女自由解放，反而令其更加勞心勞力。從家庭勞務分配的方面來說，同性戀家庭的角色扮演一定比異性戀平等，其實也會是個迷思。因為，家庭收入、職業類別都影響了同性戀伴侶將煮食視為勞務或為生活趣味的差異程度 (Carrington, 1999)。

2020年11月「我的婆婆殺了我」事件在媒體報導下曝光，讓許多人詫異居然還有這樣的事情在二十一世紀臺灣發生。[16] 然而，

16　詳鏡週刊 https://www.mirrormedia.mg/story/20201112soc004/，瀏覽日期：2020年12月12日。

我相信這位女性從女兒、嫁娘到媳婦與母親的身分轉換過程中，必定有著許許多多不為人知的因素，造成她最後的不幸。沒有任何人可以完整呈現她的過往經歷與人格形塑，所有的過往只能在當下的時空脈絡裡，不斷被不同的人、用不同的立場觀點敘／續說。縱使媒體刻意地道出她為人媳婦的悲悽，惹得群情譁然。但張姓女子家族成員之一是我舊識，我們在家族的片段回憶與唏噓中敢／感問：「到底什麼苦讓她不能回家說？沒有活路的選擇？」也在歎息中互相砥礪：「生命雖然沒有正確答案，卻不是無解的悲涼，反而是複選的開闊。」

我憶起年少時，無法對家人坦然的性別認同問題，怕母親無法接受，怕母親擔心的種種顧慮。尋死的念頭，不也曾閃現？誰都有自己的苦處，有自己要揹的十字架以及徘徊的生死路口。於是我瞭解到，每個女性都有她自己的故事，從不同立場、不同觀點而開展的處境知識，一起用著「褻瀆」的態度與「諷喻」的策略，找到生命共同體的必要與真實。

褻瀆可以保護一個人免於內在的道德多數，同時仍堅守對共同體的需求。褻瀆並不是變節。諷喻，是關於矛盾，拒絕消融到更大的整體，就算辯證地，關於同時抱持不相容事物的張力，因為雙方或全部都是必要與真實的。(Haraway, 2010, pp. 149–150)

在廚房裡，我們是按著古法調配養命補身湯藥的精靈，我們也

是趁機啐一口痰到碗裡的孽女逆媳，我們可以妖嬈、也可以莊重，我們活在一個不人不獸不械也不男不女的賽伯格夢裡，但那是因為我們充滿對彼此的愛與尊重 (Haraway, 2010, pp. 150–155)。雖然在歷史的記載裡，中饋被論述書寫成傳統女性婚後最重要角色扮演，在與女教、婦德傳統交織的建構過程中，內化、囊括了為人服務犧牲的褒揚、自滿甚至是自殘。

　　「**為**」妳（煮食）的這個目的性介系詞，就是這樣諷刺又弔詭地嵌藏於我們臺灣「女食」文化傳統裡。但為妳服務，我不必然卑微；為妳犧牲，我也不一定偉大。這些因果與價值判斷，在不同的時空脈絡與立場觀點下，在新世代女性覺醒的時空中，正有著被顛覆與重新建構的論述空間。就讓我挪用娜拉揚 (1997) 的術語來說，在飲食傳統文化裡，身為女性的我們會拿著鍋鏟，潛入那性別的刻板印象中當「特使」，傳達我們在小廚房裡也可以端出的多樣菜色與美好；我們也要拍桌叫罵、抄起廚刀，用刀面去「映照」、對抗要女人一定得煮食服侍他人的無理規範。是的，不可否認地，我們在女教婦德傳統中不斷煮食，是真真切切的「局內人」(authentic insider)。但我們有著「戰略性職責 (strategic occupations)」的變換意識，用「超越認同 (excesses of identity)」來「成就不同形式的多元文化主義 (enriching forms of multiculturalism)」(pp. 124–127; 157)。就像「褻瀆更能嚴肅地看待忠誠」一般，**變動才能看到傳統的所在與延續**。

女人實傳技藝，文人虛寫華奢？

烹羊宰牛且為樂，會須一飲三百杯。岑夫子，丹丘生，將進酒，君莫停。與君歌一曲，請君為我側耳聽。鐘鼓饌玉不足貴，但願長醉不用醒。古來聖賢皆寂寞，惟有飲者留其名。陳王昔時宴平樂，斗酒十千恣歡謔。主人何為言少錢，徑須沽取對君酌。五花馬，千金裘，呼兒將出換美酒，與爾同銷萬古愁。（李白〈將進酒〉）

中國古代女性飲食書寫紀錄，可謂鳳毛麟角，而相較於男性的飲食文學，女性的飲食書寫也多以女教婦德規範包裹實用的煮食技巧為主。近年，不乏學者整理中國文學中與飲食相關的紀錄，如唐宋的陶潛、李白、蘇軾對於酒與詩的著墨不少，又以「東坡」的菜色及養身飲食論多有流傳（余文章、鄧小虎，2018），而至晚明後的飲食品味書寫達到巔峰（巫人恕，2007）。文人寄情黃湯多是抒發遭貶黜流放或懷才不遇的抑鬱情志，如李白「將進酒」的豪氣與文采雖盡散杯盤間，卻仍見「聖賢寂寞」與那「萬古愁」。

再如「東坡肉」實非豪奢料理，「淨洗鍋，少著水，柴頭罨煙焰不起。待他自熟莫催他，火候足時他自美。黃州好豬肉，價賤如泥土。貴人不肯吃，貧人不解煮，早晨起來打兩碗，飽得自家君莫管」（巫仁恕，2018）。那些與蘇軾關聯的傳奇料理，亦多是就著當地食材簡單作來。不論是蔬食粥品的「東坡羹」，或是一把鹽、一盤白蘿蔔與一碗飯的「三白飯」，都可謂平淡無奇。將東坡與飲

■ 筍乾東坡肉與番茄蔬菜湯

食養生聯想起來,恐怕主要是因其貶黜顛沛卻仍能性情真摯、氣度開闊(江梅綺,2015;林宜陵,2010)。

■ 小火慢燉的東坡肉

■ 鹽漬蘿蔔

明代陸樹聲在《清暑筆談》中提及東坡甚頻,如:

東坡偕子由齊安道中,就市食胡餅糲甚,東坡連盡數餅,顧子由曰:「尚須口耶?」客有以仕宦連蹇罷歸不自釋者,餘慰之曰:「凡仕官所歷,如飲食精粗美惡,忽然過口,至於果腹,同歸一飽,何暇追計?」客謂此東坡齊安道中未發之意。[17]

---

17 詳見中國哲學書電子化計劃 https://ctext.org/wiki.pl?if=gb&chapter=881715,條目 50。

市場路邊賣的糙米餅蘇軾都能吃上好幾個，可見那仕途起落不過就像吃過的山珍海味或是粗茶淡飯，人生只要能不餓著，不都是個飽字？這正是陸樹聲對東坡吃餅的解讀。令人哭笑不得的還有：

> 東坡在海南食蚝而美，貽書叔黨曰：「無令中朝士大夫知，恐爭謀南徙，以分此味。」[18]

這是說人已經被貶到了荒遠天涯的海南島，蘇軾還能以能吃蠔為樂，特地在家書中交代，千萬別讓其他朝中大臣知道了，免得爭先恐後地要求被貶，南來搶吃。東坡以食傳達這樣隨遭遇、隨困頓而安的胸懷，確是古今難得。然此種種皆為抒己情言己志，男性文人對於飲食的態度便是如此一般地「以己為中心」。那蘇軾〈老饕賦〉云：「蓋聚物之夭美，以養吾之老饕。」較之古來婦女們充滿奉獻精神的「絜齊酒食，以奉賓客」、「蘊習酒食，朝夕養舅姑」的煮食勞務實是不同。而在女教與婦德包裹下的女性飲食書寫紀錄，亦多是實用的食譜為主，更理當遵《女誡》，「婦言，不必辯口利辭也」、「擇辭而說，不道惡語，時然後言，不厭於人，是謂婦言。」[19] 怎可多言己志、抒己情而辯口利辭哉？

18　詳見中國哲學書電子化計劃 https://ctext.org/wiki.pl?if=gb&chapter=881715，條目 51。

19　詳見中國哲學書電子化計劃 https://ctext.org/hou-han-shu/lie-nv-zhuan/zh?searchu=%E5%A5%B3%E8%AA%A1%20&searchmode=showall#result，條目 15。

　　話說那宋朝富商官宦多妻妾，生活豪奢不難想像，然文人飲食紀錄亦尚未像明清時期進入比評拚場的階段。巫仁恕 (2007) 在《品味奢華：晚明的消費社會與士大夫》當中，就以飲食文化為例，論述明清兩朝文人品味的演化與延續。愈是晚明愈是南方，官家設宴的豪奢風氣就愈盛，食材珍貴如燕窩、食器講究要金玉，另有伶優劇演笙歌夜夜（頁 263-265）。而江南奢侈的飲食風尚，造就了飲膳書籍的刊行，如《易牙遺意》的再版，或宋翊之母口傳心授所錄之《宋氏養生部》。宋翊在《宋氏養生部》序文中，誇詡自身與其母朱太安人的家世背景，故稱「遍識方土味之所宜，因得天下味之所同，及其肯綮⋯⋯非獨易牙之味可嗜也」（巫仁恕，2007，頁 272-273）。有趣的是，這樣的炫言耀辭正呼應著當朝浮誇的社會風氣，也與自古以來強調女教婦德的女性煮食書寫截然不同。

　　論及明末清初文人的飲食書寫，巫仁恕發現清初有更多的食譜專著出版，其中除了詳述菜餚步驟，感官描述的拓展與品味的建立亦是重點。張岱的〈老饕集序〉、李漁的《閒情偶記》以及袁枚的《隨園食單》，分別在鮮、本味、嗅覺與味覺層次等感官用詞各有強調，也開始批判官宦商賈過分追求稀品珍饌的豪奢風氣，繼而開創了「文人化食譜」的類型（巫仁恕，2007，頁 292-295，300-301）。巫仁恕認為，清代此類飲食書寫的特色就在於士大夫作者們是有烹飪經驗，且願意親自試驗他人食譜所記錄的菜色，如《隨園食單》序中明載：

　　余雅慕此旨，每食于某氏而飽，必使家廚往彼灶觚，執弟子之禮。四十年來，頗集眾美。有學就者，有十分中得六七者，有僅得二三者，亦有竟失傳者。余都問其方略，集而存之。雖不甚省記，亦載某家某味，以志景行……若夫《説郛》所載飲食之書三十餘種，眉公、笠翁（陳繼儒、李漁）亦有陳言；曾親試之，皆闕于鼻而螫于口，大半陋儒附會，吾無取焉。（袁枚，1984，頁 2–3）

　　然而細讀這個序文，不難發現，袁枚是請「家廚」前往學習，亦非親自動手，而這裡所謂試驗他人食譜，在這個「曾親試之」的上下文中，應該也只是「試吃」而非親手「試做」。書寫記錄他人傳授的菜色作法，似與《崔氏食經》及《宋氏養生部》成書方式無異。但這「集而存之」的搜集與積極品嚐、紀錄感受的書寫，正是文人化食譜的特點。再者，「曾親試之，皆闕于鼻而螫于口，大半陋儒附會，吾無取焉。」云云，更可看出袁枚不甚理解有食譜不等於作得出好菜的道理。反過來說，沒作出好菜來，當然也不能把錯堆到食譜上頭。

　　「我懷疑，母親是不是忘了把某些重要的事情寫進食譜

■ 講究鮮美甘甜的半熟鹹蜆仔

中了？」（一青妙，2014，頁40）記得我讀到這個一青妙按著她母親食譜，試做蘿蔔糕卻徹底失敗的埋怨段落，我不禁失笑。這絕對是許許多多真正會做菜的人，所經歷而且不斷經歷的大小趣味。就著一青妙修改後的食譜（一青妙，2014，頁56-57），同時依著小時候母親帶我去吃清粥小菜

■ 以衛生健康為考量的全熟鹹蜆仔

的嗅覺記憶，成功做出「鹹蜆仔」這道菜兩次，但面對半熟的鮮美甘甜與全熟的衛生至上的兩難，終是抉擇了後者，也為做菜的自己寫下食譜紀錄。

依法做菜的藝術就在每一次無法精準的調味過程中，用鼻腔用舌尖，配著數不盡的刀傷、燙傷經驗值去創作。完全根據食譜操作，不但毫無新意，也失去對一道菜的美好想像，袁子才當然免不了有掩鼻噁臭的下場。

簡言之，文人化食譜的特色就在於勤書寫而非勞煮食。嚐遍天下美食，說了、寫了一口好菜，卻連個熱鍋落油也沒能做。說到底，從事煮食勞務的個體，在傳統中國文化中莫不是那為他人忙碌、服務的女性。反觀文人化食譜，顯現出的卻是飲食為己、書寫為己的

特色。作家林海音在〈漫談「吃飯」〉一文中也曾提到類似的看法：[20]

　　中國史上知名的美食家，如李笠翁、袁子才等人：「實際他們從未走進過他們的廚房，卻擅於在飯廳裡挑眼兒，或者在書房裡寫下流芳百世的吃的享受生活。」其中李笠翁最愛吃螃蟹，卻無須自己下廚，林海音評道：「除了李太太下廚房之外，還有一個丫頭專門伺候他吃螃蟹，李笠翁不過是『飯來張口』的男人而已。」（引自陳玉箴，2020，頁354）。

　　再以食譜的內容來說，根據巫仁恕對明清時期的飲食研究，明代食譜的內容初時仍以醃製食材等加工技術為主，並沒有真正烹飪時的火侯與調味紀錄，亦有例外如《宋氏養生部》與《易牙遺意》等，其中不但開始說明烹調步驟，更有抽象與感官形容詞來描繪菜餚的色香味。到了清代，食譜內容更是深化感官描述的複雜度，如朱彝尊的《食憲鴻秘》、李化楠的《醒園錄》、袁枚的《隨園食單》，在味覺、嗅覺與鮮甘層次上的妙筆生花可謂無以復加（巫仁恕，2007，頁277，283-286）。先前提及《宋氏養生部》與其他女性煮食勞務書寫不同之處，正是因其所處的華奢社會文化脈絡，強調感官與品味的呈現。萬曆《嘉定縣志》載：「若夫富室召客，頗以飲饌相高。水陸之珍，常至方丈。至于中人亦慕效之，一會之費，常

20　含英，〈漫談「吃飯」〉，《中央日報》第6版，1949年6月23日。

耗數月之食。」（引自巫仁恕，2007，頁 266）。從「富室」到「中人」，從江南到週邊，從類別、數量到烹調技術的重視，從明朝到清代，各種飲食風俗文本紀錄，都讓我們看到官宦、庶民甚或文人，對飲食的態度，早已非當年明代陸樹聲所言「果腹，同歸一飽」而已（巫仁恕，2007，頁 268–270）。

清代食譜所載的煮食技巧與知識，不只是像明代《居家必用事類全集》、《多能鄙事》或是《便民圖纂》等生活工具書中的幾個章節篇幅而已。清代開始刊行如現今食譜的飲膳專書，不但講究史料的考據，更注重口腹感官的描寫，且出版數量是史上高峰（巫仁恕，2007，頁 272，275）。實則，清末「文人化食譜」是一種「自我品味」的表達，更是一種「飲膳的誇飾法」。相對於求「鮮」、「美」又論「養生」的歷代文人老饕們，那些在北魏戰亂中煮大鍋菜的崔氏諸母諸姑（《崔氏食經》），以及煮食步驟力求簡要，每項菜餚作法最多不過八、九十字，少則三、四十字便了，忙著伺候先生公婆全家的宋代媳婦們（浦江，《吳氏中饋錄》），[21] 還是那為了強調節約、衛生與保存觀念而寫下二十種燻醃釀製品作法的清代有才女醫曾懿（《中饋錄》），[22] 從現代的角度回視並予以理解，顯然女性煮食勞務在內容上的首要考量乃是以持家為優先，注重經

---

21 詳見中國哲學書電子化計劃 https://ctext.org/wiki.pl?if=gb&chapter=150543。

22 詳見中國哲學書電子化計劃 https://ctext.org/wiki.pl?if=gb&chapter=276715，條目 279 至 334。

濟實用，而非展現自我品味。「我會在超市買肉，傳統市場買青菜，因為超市青菜的價錢是傳統市場的兩、三倍」，我那初為人妻人母的友人正是這樣告訴我的。

我人生的第一本食譜，是在大學時代買的《培梅家常菜》（傅培梅、程安琪編，1984），也還記得我就讀小學時，傅培梅在電視上教做菜的模樣，只不過當時的我除了年紀太小，母親也不鼓勵我學做菜。至於長大後買那本食譜，也不是真的想要學做菜，而是看到要去美國普林斯頓大學 (Princeton University) 讀書，跟我同是唸外文系的舅舅，他在皮箱裡準備了這樣的書，東施效顰而已。我真

■ 從食譜學來的「回鍋肉」

正動手煮食做菜，已經是多年後，在親密關係裡為不同對象服務、付出。因著對方的喜好與生理需求，調整菜色的內容與口味。我認為，食材的選擇與調味要因時因地因人制宜，煮食的步驟與方法也要隨烹飪器材的不同而修改。食譜，是煮食勞務的紀錄與分享，不論是由誰來書寫，都無須變成信仰或教條的經典。就像傅培梅將中國各地料理引進臺灣、推廣，把中國各菜系的傳統大菜變成臺灣人的家常菜。讓我們在廚藝的傳授過程中，看到令人驚豔、充滿動態的創意軌跡（陳玉箴，2020，頁 221–224）。堅信某一道菜只能怎麼做才對、才正統，恐怕就會讓那一道菜「失傳」。

　　我的母親寵孩子，從小給我吃的人蔘就是頂級，含在嘴裡當口香糖，一切那麼理所當然。離家上大學前，我不知道入口即化的水梨和巨峰葡萄的價錢。打開冰箱就有剝好皮的橘子片，挖好成一盆的釋迦，吃得我方便，卻費她多少心思。她很忙，又要很美，於是用食材來彌補沒有時間做的功夫菜。不知為何，每到年末就會想她，所以煮出她從不會做的人蔘雞燉飯、人蔘豬心和人蔘豬腦，因為她給的人蔘片我還存著一把。母親也

■ 人蔘雞燉飯

■ 人蔘豬心

■ 人蔘豬腦

愛在烏魚季裡，蒜苗、烏魚肉清湯煮米粉，我卻是個愛香煎烏魚膘的女兒。不教我做菜的母親也沒告訴我，她在哪兒買的烏魚和我最愛的風螺。失傳了，我曾如是想。

記得那是 2018 年末，友人特地從阿里山上攜回一株新鮮山葵，為此我特地往百貨超市的水產店購買生魚片，居然就在那鮭魚、鮪魚錯落的美好間，閃動著烏魚膘的光芒，「失而復得了」！我驚喜地想。

當晚，就著味覺與嗅覺的記憶，用麻油、醬油炒香蒜苗成醬，煨上那已先洗淨用滾水去腥的烏魚膘，配上算好分量的米飯與蔬菜。就這樣，用當季的食材、好好照顧自己，成為我紀念母親的儀式。

夜裡，也寫了訊息感謝友人：「晚餐時，小小的山葵磨出層疊交融的記憶，由舌尖而衝頂的感動，淚流了，是因為記得。是因為旅途中，有人記得我，謝謝妳。」

時移事往、物換星移，飲食的內容與烹煮方式一直在改變。因為人類與動物與大自然之間的關係在改變，飲食消費的內容、地點與方式也都在改變。但我們依然這樣，在現在完成進行式的時態中，用採買、烹煮、食用與書寫，繼續實踐，也不斷修正著臺灣「女食」文化。

■ 胡椒鹽風螺

■ 麻油蒜苗烏魚膘

傳統漢醫的女性身體觀與飲食迷思

帝曰：人年老而無子者，材力盡耶，將天數然也。

歧伯曰：女子七歲，腎氣盛，齒更髮長；二七而天癸至，任脈通，太衝脈盛，月事以時下，故有子；三七，腎氣平均，故真牙生而長極；四七，筋骨堅，髮長極，身體盛壯；五七，陽明脈衰，面始焦，髮始墮；六七，三陽脈衰於上，面皆焦，髮始白；七七，任脈虛，太衝脈衰少，天癸竭，地道不通，故形壞而無子也。（《內經·素問·上古天真論》）[23]

根據兩千多年前的《黃帝內經》，中國古代漢醫便有解剖、生理、診斷婦人病等記載，也為漢醫立下最早的女性生理基礎定義。稱女性以「七」為本，累數計算，14 年歲開始分泌古稱「天癸」的賀爾蒙，月事來後才能有孕。21、28 歲是為壯年，毛髮茂盛，齒牙筋骨健；35 歲面色轉黃、開始掉髮；42 歲之後臉色失去潤澤、髮亦斑白；49 歲之後賀爾蒙就停止分泌，生殖器官衰退，無法再有生育能力。學者歸納，婦科學雛形始於東漢張仲景的《金匱要略》，隋代巢元方在其《病源論》中，對婦人無子頗有見地。時至唐代，孫思邈《千金方》即以獨立篇章著述「婦人方」。而綜觀漢醫婦科

23　《黃帝內經·素問·上古天真論》詳中國哲學書電子化計劃 https://ctext.org/huangdi-neijing/shang-gu-tian-zhen-lun/zh，條目 3。

著作，約可見其共通之處乃以生育為前提來建構女性的身體與疾病論述。不僅如此，孫思邈更主張婦人病與產胎緊密關連，月經及女性特殊的生理構造，容易致使受風寒。再加上感情脆弱、情緒波動較大，種種因素造成了婦人病的複雜現象，不但是婦科醫學之濫觴，更奠定了漢醫性別理論之基礎（李貞德，2008，頁114-115）。明清時期則分別有張景岳《婦人規》與主張肝腎脾並治的臨床專書《傅青主女科》，以及由乾隆宮廷所主編的《醫宗金鑑‧婦科新法要訣》等。而正是這些古代醫者所論著的女性身體知識與醫藥觀點，加上源遠流長的藥食同源概念，構成了「女食」文化傳統中的「物質」（名詞）層面與「功能性」內涵（詳見頁33圖表說明）。展現出以生育為目的之女性身體使用觀，月經週期為中心思維的飲食內容規劃，並加上女性身體經驗以及身分歷練而累積、傳承的飲食知識系統。

月經週期飲食

從《黃帝內經》到現代婦科學，月經為女性身體轉變的重要表徵。不論是經血的週期排出、體脂量增加、乳房臀部等身形因賀爾蒙分泌而出現變化，一切都需要透過食物養分的增加來補充成長發育所需能量。而從過去的醫書中可以觀察到，傳統漢醫對於婦人雜病的辨證診斷多與月經相關。例如，《萬氏女科》將月經提前稱為「陽勝血熱」，或《傅青主女科》中的「陰虛血熱」乃「月經先期

而來少者」之徵候；而月經遲至，則有《金匱要略》、《備急千金要方》與《丹溪心法》等以血寒、虛寒、血虛、氣滯各說來代表「經水過期」（羅元愷，2003，頁 55–62）。[24] 亦即，歷代漢醫所建構的女性生理與醫療論述，是以生育為前提的身體照護，而婦女主要的生理特點則是「經、孕、產、乳」，有經始有子，故而一切應以調經為要（羅元愷，2003，頁 16）。

視女性為胎孕載體，並以生育為目的，將女性身體功能化，使得那與產孕關係緊密的月經更加重要。月經會影響女性身體受孕的機率，與其之為胎兒載體的適切、優劣。漸漸地，月經的「狀態」在傳宗接代、族群繁衍的前提下，成為女性健康與否的判定標準，也成了是否呈現「病態」而需要醫治或養護的討論重點。加上漢醫以宇宙運行的陰陽五行觀，結合「經絡」及「臟腑」概念來描述身體運作，主張應行「氣」、養「血」，才能保持身體健康。總地來說，行「氣」順暢排血，並把月月流失的「血」補養回來，遂成為重要的月經飲食概念。

對現代人來說，「氣」「血」概念或許抽象難解。讓我在此簡要釐清，「氣」即是身體的作用方式 (function)，氣順通暢意味著身

24 有關漢醫婦科文獻引用，這裡以臺灣知音出版社繁體版，由羅元愷主編 (2003) 的《中醫婦科學》為主。其他在兩岸出版的中醫婦科學的相關著作，則有人民衛生出版社的劉敏如《中醫婦科學》簡體版，或是中國中醫藥出版社馬寶璋主編的《中醫婦科學》，以及由華夏出版，牛兵占等著作的《中醫婦科名著集成》。

體機能運轉良好;「血」者則為身體的組織材料 (material),血足滿盈意味著各器官與肌肉的營養足夠。後世對於月經調理,也因常需要觀察經血狀態,故診斷上多以「血症」論之,在術語方面也常見「行血」的說法,特別是為了解決經痛問題。因為,漢醫有通則不痛的說法。不過,以氣帶血是基本觀念,行血即是行氣而能血順之意。又,在漢醫的分類系統中,氣屬陽、血屬陰。月經以養血為主,養血即養陰。在經絡與臟腑的對應上乃為足太陰脾經、足厥陰肝經、足少陰腎經。[25] 五行、五色上又各為脾土色黃、肝木色青、腎水色黑。以經期過程來說,排卵時應以色黑食物補腎(雌激素與黃體激素),經前為行氣則多運動以暖(子)宮,行經期間為活血排瘀(子宮內膜與經血)以止痛可食紅豆。經期結束後,要吃得營養才能補脾腎養血肉,為下一次的週期而準備。臺灣民眾慣常用燉煮四物來作為經期後的補養,也會配合著吃形補形的「紅色補血」觀,在平常加入許多其他食補的項目。

受到陰陽五行觀以及月經週期論述的影響,視「保暖袪寒」與「活血養血」為女性養生要點,也在藥食同源的框架下成為「女食」的主要內容與項目。然而,不論是社會、文化、經濟環境,或是運

25　這裡談的經絡與臟腑對應,主要是以《黃帝內經》之「經絡論」,詳中國哲學書電子化計劃 https://ctext.org/huangdi-neijing/jing-luo-lun/zh 與張仲景《傷寒論》之「六經辨證」為概念,詳中國哲學書電子化計劃 https://ctext.org/shang-han-lun/zh,條目 10-12 條。

動、醫學營養觀念的發展，都影響著「女食」的內容，當然也呈現出對於身體治理的權力與知識建構的變動。

◆ 保暖袪寒的説辭：以薑、酒為例

清朝自 1684 年即已統治臺灣，「女子無才便是德」，不宜抛頭露面等封建思想與觀念早就深植民心。而臺灣正式的女子教育始於加拿大長老教會馬偕博士 (Dr. George Leslie Mackay) 夫婦，在 1884 年所創立的淡水女學堂。然而，就算女學堂以免學費、補助旅費、膳宿、服裝來鼓勵婦女入學，其時女學堂學生仍以宜蘭地區的噶瑪蘭平埔族人為主，漢族則鳳毛麟角（遠流台灣館，2000，頁 82）。加上臺灣婦女鮮無綁小腳者，僅丘陵地區的客家婦女或因採茶傳統較少纏足（洪敏麟，1976）。在不宜抛頭露面加乘行動不便的狀況下，以運動來行氣活血暖宮的方式幾不可為。故而，溫補一直都是臺灣女性保暖袪寒的飲食良方。

就我記憶所及，國小時便有晨間體操時間。就算在國中的升學班，相較於其他藝術與家政類科，師長雖不鼓勵參加競賽，對體能保持與運動精神仍相當強調。出生於 1989 年的臺灣旅日作家李琴峰，在其獲得日本群像新人文學獎的自傳體寫實風格小說《獨舞》中，也提到在國中的時候，「課表上所謂音樂、家政、美術、班會，實際上的意思是國文、英文、數學、理化」。不過，到了臺中女中階段，就有舉辦全校運動會的段落（李琴峰，2019 頁 14–15）。而

■ 柴燒桂圓薑汁淋湯圓

根據臺中女中校史紀錄,該校於 1968 年即設立體育實驗班,體育館也在 1969 年落成使用。[26] 可見,戰後臺灣體制內教育,對於家政技藝知識方面的課程規劃,在升學主義的影響下,直至 21 世紀依然無法真正落實。雖然對於體能和運動的重視確實較多,但是女學生在運動方面,除非參加校隊訓練或是成為選手,在器材與場地環境使用上,一直都處於弱勢(葉素汝,2008;楊亮梅、陳俊民,2016)。於是,女性易受風寒的漢醫概念與運動量不足以活化氣血的現實,雙雙加強了女性應保暖祛寒的食補作法。其中,又以令味覺、嗅覺感到辛升,食用後明顯感到身體發熱的薑和酒為主。

辛永清 (2012) 曾提過,臺南市有一道「薑味雞」,專為男孩變聲、女孩初潮前後一兩年所準備,且每一個月會讓這樣的孩子吃幾次這種點心。「雞略以鹽、胡椒粉調味後,在腹中塞滿薑、外側也用薄薑片貼滿,再去悶燒」。辛認為,薑效用與全雞的營養相輔相

成，對發育期的身體特別有益。不僅如此，也是一種「讓邁入成年的孩子有所自覺的一種儀式」。不過，臺灣人如今有營養過剩的現象，應該不再有此風俗飲食（頁 28–31）。此「薑味雞」當然就是典型營養加上保暖祛寒的食補法，薑就是最能代表味辛、溫熱的藥／食材。

康熙年間的醫家汪昂，綜研《本草綱目》與《神農本草經疏》，著作臨床藥物專書《本草備要》。於其〈穀菜部〉即記載，「生薑，宣，（原書眉批：散寒發表，止嘔開痰）辛溫。行陽分而祛寒發表，宣肺氣而解鬱調中，暢胃口而開痰下食」，指的就是利用生薑的辛溫來散寒，解鬱開胃。我想，這也應是母親每每在冬夜裡為我準備薑湯，做菜時也總是加上薑絲、薑片的道理。另外，生薑亦可「消水氣，行血痺，產後血上衝心及污穢不盡，煎服亦良」，正是質地辛溫的生薑不但可幫助排淨經血與產血，亦可讓手腳末梢容易水腫、冰冷的女性，行血溫痺、穩定心情的來由。[27]冬至時，我總在算好熱量後，給自己和伴侶燉一鍋「薑片蛤蜊雞湯」，再加上一碗「柴燒桂圓薑汁淋湯圓」，為的就是蛤蠣養肝益造血，桂圓滋陰補腎助入眠，薑汁薑片更是加乘了寒夜裡所需的驅寒保暖之效。當然，我也做好了湯圓為澱粉主食，大白菜當作纖維攝取的計畫。

27　詳見中國哲學書電子化計劃 https://ctext.org/wiki.pl?if=gb&chapter=568903，條目 127–131。

至於酒類，《本草備要》亦有相關的說明：[28]

　　宣，行藥勢，辛者能散，苦者能降，甘者居中而緩，濃者熱而毒，淡者利小便。用為嚮導，可以通行一身之表，引藥至極高之分。熱飲傷肺，溫飲和中。少飲則和血行氣，壯神禦寒，遣興消愁，闢邪逐穢，暖水藏，行藥勢。過飲則傷神耗血亦能亂血，故飲之身面俱赤，損胃灼精，動火生痰，發怒助欲，酒是色媒人，致生濕熱諸病，過飲則相火昌炎，肺金受灼，致生痰嗽。

　　在漢醫的觀念裡，酒為藥引，可助「行藥勢」。仔細讀起來，酒更是分了辛、苦、甘味來引導藥的散、降、中緩，其本身並沒無「溫補」效果。不僅如此，濃烈的酒還有熱毒。少許適量喝可行氣禦寒、抒發情志、循環津液。然而，曾有以飲酒禦寒經驗的人，也應該會發現喝酒後讓身子暖的「禦寒」效果其實很短暫。必須不斷補充才能維持那個暖感，且可能因此造成上癮而過飲。正如汪昂所言，過度飲酒對身體、情緒到行為舉止方面的壞處，真是多到數不清。據其言，「身面具赤」即是「過飲」之相，用喝酒來袪寒的作法，應不是良方。「過飲則傷神耗血亦能亂血」，在漢醫的理論框架下，以養血為要的女性來說，飲酒作為溫補（經血）的方法，絕不適合。

28　詳見中國哲學書電子化計劃 https://ctext.org/wiki.pl?if=gb&chapter=568903，條目 103–104。

臺灣民眾將酒視為營養滋補品，應另有其因。

　　在針對臺灣殖民時期的女性醫藥廣告研究過程中，我發現一些相關資料（陳儀芬等，2021，頁 64-65）。1910 年 5 月 31 日，臺中豐原仕紳張麗俊在日記中提到，臺北中醫師葉鍊金為其好友看病，囑以「赤十字社葡萄酒」（按：應為「赤十字葡萄酒」）送服西藥，患者或許本就病情嚴重，遵醫囑後，隔日便不幸死亡，葉醫師即遭非議（林昭庚等，2011，頁 150；張麗俊，2000，頁 364-365）。僅就日記寫作時的 1910 年來看，赤十字葡萄酒廣告在《臺灣日日新報》上出現的頻率相當高，常可看見標榜「純良藥用」[29] 的文案，也另有「臺灣總督府陸軍衛戍醫院傳染病研究所，其他各病院御用」等語（臺灣日日新報，1910.1.1: 8，1910. 5.1: 6，1910. 5. 29: 6）。[30] 葉鍊金當時的醫囑，為何是以酒配服現代製藥產品，原因不詳。但為體虛的病人擇用此方，有著總督府所轄各大醫療院所背書，又強調「純良藥用」的赤十字葡萄酒，至今看來或有其原委脈絡。

　　《漢書·食貨志》載：「酒，百藥之長。」[31] 歷代漢醫君、臣、佐、使的用藥原則中，酒為臣輔、佐搭、使引，利用「以形補形」、「以色補色」的藥食觀，紅酒補血是為滋補榮養概念也在赤十字葡

29　「藥用」在日文中乃是具預防功效的非醫療用品之意。

30　本文所引用之《臺灣日日新報》內容，皆取自漢珍數位圖書出版之電子資料庫。

31　中國哲學書電子化計劃 https://ctext.org/han-shu/shi-huo-zhi-xia/zh，條目 65。

萄酒廣告中得見：「本品在最嚴密的試驗之下，成為臺灣總督府衛戍醫院的御用品，不負其他日本全國各地醫院御用品之榮譽，在營養萬能的時代，若能獲得真的健康，真的和樂。以純粹且優良的品質自豪，王冠印赤十字葡萄酒可以常常使用」（臺灣日日新報，1918. 7.13: 1）。另有朝日啤酒廣告，稱釀酒原料有潤腸健脾之效，建議男女老少「均可多飲，萬無一失」的文案（林昭庚，2011，頁167）。飲酒可行氣補血的觀念，在臺灣社會中歷久不衰，即是緣著藥食同源的基礎，加乘殖民時期日本酒商所推動的行銷手法，在酒類廣告中建構出似是而非的健康與營養概念，不但是貪杯之人的藉口，也形成臺灣社會中至今仍存的民俗藥酒養生觀。我大學時代一同租屋的女性朋友，就曾在冬夜裡喝著赤玉葡萄酒，天真地說：「我阿公要我喝的，可以暖身補血，我覺得喝了手腳真的會變暖。」

實則，薑入菜，少有爭議。酒入菜，則見仁見智。例如我母親非但不嗜酒，做菜或是料理食補更是從不加酒。想來應是中醫外公無此建議，而任教小學的母親對於飲酒亦有道德疑慮。印象中，除了在爺爺家那邊祭祖後，有著撒杯酒下地圈香爐的動作之外，[32] 家族聚餐時也從未有人飲酒。長大後，除了我能喝上幾杯，兄長們各個對酒精嚴重過敏。也許是如此，我那執業中醫的哥哥對於酒的使引功效，並不那麼強調。

亓允文（2009）以雄黃藥酒為例，分析傳統藥酒與丹藥成分，大

多含有會導致中毒的礦物，如：砷、汞、鉛、銅、錫、鎳等之外，對於歷代漢醫多執迷於此類藥物，民間亦篤信其／奇效的原委加以釐清。近年，衛福部除嚴格規定中醫藥酒的查驗登記，[33] 也常透過媒體宣導藥酒知識。另，依照《菸酒管理法施行細則》三十二條第六項規定訂定的酒類標示管理辦法，酒類標示「應清楚、易讀、利於辨識，且不得有不實或使人對酒類之產品特性有所誤解」。[34]

可見，個人體質、家族文化襲承、醫學營養、廣告行銷與道德倫理價值觀等，都會對酒的「功用」與「意義」論述造成影響。不僅如此，因 UNESCO 自 2010 年起陸續將法國、地中海、墨西哥、克羅埃西亞與日本等國的飲食列為世界無形文化遺產保護項目，紅酒也成為法國軟實力與文化商品的推廣要項。在臺灣，能夠分辨法國、澳洲與加州各地各區所產紅酒，漸漸轉為「品味」階級與鑑賞力的代名詞。如今，葡萄美酒再也不理所當然是女性行氣補血的營養品了。

---

33 詳衛福部中醫藥司網站 https://dep.mohw.gov.tw/docmap/cp-3607-5848-108. html。

34 例如：一、酒後不開車，安全有保障。二、飲酒過量，害人害己。三、未滿十八歲禁止飲酒。四、短時間內大量灌酒會使人立即喪命。五、其他經中央主管機關核准之警語。詳：https://law.moj.gov.tw/LawClass/LawSingle. aspx?pcode=G0330014&flno=11。

◆ 「紅色補血」的虛實

多數人說起「紅色補血」的概念，常稱是引自《黃帝內經‧素問‧金匱真言論》，岐伯曰：

南方赤色，入通於心，開竅於耳，藏精於心，故病在五藏，其味苦，其類火，其畜羊，其穀黍，其應四時，上為熒惑星，是以知病之在脈也，其音徵，其數七，其臭焦。[35]

雖然紅色容易與血產生聯想，無可厚非；在現代營養學尚未完備，對於血液成分也還未能理解前，紅色補血在推理上亦不無邏輯。但是，《黃帝內經》乃屬中國實證醫學的開端，以推斷方式來論證基本醫理的段落並不多見。再三細讀此《金匱真言論》之五色五藏論，卻可發現岐伯說的是紅色與心的連結，而不是紅色與血液的關係。而且這裡的「心」亦非單指現代醫學解剖觀念中的心臟，因為「病在五藏」指的就是或可發於肝、心、脾、肺、腎五大臟器之病。故，應將此「藏精於心」理解成一個精神與心緒的統稱。不僅如此，更應看到其奧妙之處在於「知病在脈」的見解，因為這就是以症狀診斷（脈診）的方式，來說明心、血管疾病是緊密關聯的證據。例如：

35　詳中國哲學書電子化計劃 https://ctext.org/huangdi-neijing/jin-gui-zhen-yan-lun/zh，條目 3。

兩手脈象的搏力不均或搏速不等，就可能有血壓、血管彈性或是心律方面的問題。

時習溫故《黃帝內經》，關於這些與現代醫學不謀而合的紀錄，總令我對這些漢醫祖輩們的「先見之明」敬佩不已。若從整個論述脈絡來看此「南方赤色，入通於心」的段落，即可明白其所強調的不止有精神、情緒狀態會影響身體健康的真義，更有對於心血管疾病的理解。然而，此「紅色入心」的說法不但與血液本身無直接關連，更與女性的經血流失需要補血（鐵質）的現代營養學說法相去甚遠。由此可見，「紅色補血」出自《黃帝內經》的說法，並不單純，尤其對於女性的食療來說，更需要深入探討。

經過查找，我認為紅色食物對於平靜精神的效果，在女性沒有衛生棉與棉條可使用的時代，於經期前、中、後成為穩定情緒的食療驗方是有可能的。例如《本草備要》中即載：「赤小豆，通，行水，散血。」對於女性經期前、經期中的水腫不適，藉利尿來消腫當然重要，而其散血功效又可解決行經不順的瘀痛。不僅如此，「色赤，心之穀也。性下行，通小腸，利小便，心與小腸相表裏，行水散血，消腫排膿，清熱解毒」。這個「通小腸，利小便，心與小腸相表裏」，也與現代心臟用藥多是利尿劑吻合。從各方面來看，除非長期過量服用赤小豆造成脫水，對女性而言，在經期前、中階段食用赤小豆，是可以消水腫、順經散瘀，解決不適繼而紓緩情緒的。也就是說，以赤小豆為例，紅色入心主要是為散血、補心，而非補血。那麼「紅色補血」食療觀念到底是怎麼形成的呢？

　　歷來，漢醫以赤小豆入藥、紅豆為食。在過去肉類蛋白質不足、物資匱乏的時代，紅豆所含的澱粉不但讓人易有飽足感，蛋白質的成分顯然也會有幫助肌肉生長的表現。在沒有辦法以營養化學成分來分析紅色食物的過往，赤小豆與紅豆交錯了藥食同源而成立的驗方，非常可能就是「紅色補血」食療觀的由來。女性月經血週期失血，血為紅色。又，紅色入心，心之穀在藥乃赤小豆，在食則為紅豆，漢醫理論與實證，說明了紅豆補心（臟）也補血（肉）。紅色入心，血為紅色，這樣「紅與心與血」的反覆纏繞，使「紅色補血」的邏輯被順勢推定。而此對於《黃帝內經》與《本草》等經典醫書穿鑿附會的理解，對於女性月經週期飲食當然產生了重大影響。不僅是紅豆，包括紅鳳菜、紅莧菜、九層塔等，以及前文所提到的紅酒都曾／仍被過度強調成補血的食療偏方。

　　我必須強調，這裡對於「紅色補血」觀的反省，並非要以今非古，用一種現代營養學的後見之明來批判它，而是要去釐清，自古以來「紅色補血」的「血」指的就並非單純的血液，而應該是血肉。希冀藉著對於藥食同源的說明，再度將傳統智慧的美好呈現，紅色入心，有助經前、行經時平靜情緒、止痛。而非繼續以訛傳訛地使傳統與現代牴觸，讓人無所適從，甚至對食療造成誤解。應確切認清，紅色穀菜植物類在補鐵方面的表現，較之於內臟（豬肝、雞肝）、「以形補形」的血類（豬血、鴨血）與肉類（牛、魚、豬、雞）等，可謂緩不濟急。若非堅持茹素，女性最天然的補鐵（血）飲食，應是均衡、輪流食用以上各類動植物切勿偏廢或過度，更要循著個

人體質與狀況調整，絕不可人云亦云地盲目從之。

　　例如：加糖的紅豆湯，對我這樣需要嚴格控制血糖的病人而言，絕非正確的飲食項目，而食用不加糖的紅豆或是其他被認為是有益健康的穀類，更要注意澱粉（碳水化合物）的分量。雖然，依照「不通則痛」的漢醫原理，赤小豆的「散血」對於經痛有著功效，但紅豆畢竟不是赤小豆，要達成相等藥效幾乎不可能，更何況多吃

■　麻油豬肝湯與酒釀湯圓

會升血糖、增體重，絕對得不償失。這個道理與其他為了達到特定
療效去多吃某一類（項）食物，卻造成適得其反，也絕對是共通的。
針對月經週期飲食，我的做法是隨著月事循環，固定在行經時煮食
紅豆，為求「入心」、「行水」、「散血」，也就是去舒緩當次經
期時的心境情緒，利尿消水腫，漸次將血瘀／塊排淨，藉此慢慢降
低每次經痛的強度。若是真的因服用癲癇藥導致強烈經痛的副作用
時，當然毫無疑問地要用上止痛藥。至於補血（肉或是鐵），那則
是經期結束後的事了。

◆ 四物湯的冥想

　　一般來說，臺灣民眾對於經期後的補養，大多以燉煮四物湯為
主。然而，四物湯並非單純食療。

　　四物湯方劑始自張仲景《金匱要略》中的〈芎歸膠艾湯〉，川
芎、當歸、阿膠、艾葉、甘草、白芍、生地黃等組成，常用於功能
性子宮出血與痛經，該方可提高子宮的收縮及增強其養血的功能，
減阿膠、艾葉與甘草後為四物湯，見於晚唐藺道人所著的《仙授理
傷續斷秘方》中，後於宋代被收入《太平惠民和劑局方》，原為化
瘀活血，宋代之後始為婦人調經要方。其中，不僅沒有補血的說法，
從仲景方止血到四物活血，足見中醫複方稍有加減即見相當不同的
功效，切不可自行診斷使用。

　　近年來，調經仍有可能是為了生育，但在現代刺激消費的商品

包裝下，調經已與健康和貌美扣連。開架式各類四物飲品在千禧年後陸續出現，挾著方便與適口性佳的優勢，已經和中將湯一樣成為婦女用藥的長銷商品。傳統藥鋪在面對消費者疑慮中藥材含鉛量過高，[36] 以及藥苦難嚥的種種因素下出現經營危機。傳統中藥材進口商或中藥行在轉型成立公司後，開始販售經過衛生署檢驗合格的食補燉料，舉凡四物、八珍、十全、何首烏等應有盡有。[37] 解決了我在外公過世後，苦無安全燉料來源的煩惱。那麼，還有人會去傳統中藥鋪抓四物來當燉料嗎？狀況又是如何呢？因著好奇，2020 年 6 月 8 日那天，我和伴侶在北投區的一家中藥房購買 GMP 藥廠生產的藥品時，假意隨口問了老闆（男性）：

> 我：「請問，現在還有賣四物帖藥嗎？」
> 老闆：「有啊！有啊！」
> 我：「都是誰來買呢？」
> 老闆，忽然提高警覺地說：「老顧客。」
> 我：「都是自己喝嗎？還是給誰喝呢？」

---

36 2020 年 7 月臺中發生知名中醫診所的藥粉含鉛事件，前市議長與現任市議員全家中毒。中央通訊社報導，詳：https://www.cna.com.tw/news/firstnews/202007310162.aspx，上網日期：2020 年 12 月 12 日。

37 如在主婦聯盟上架的燉料由集昌股份有限公司提供，官網：https://www.tctma.com/，又如百貨公司專櫃可見的曖仙堂本草燉料包等：http://aixian1894.com/about-us.php，上網日期：2020 年 12 月 12 日。

老闆：「就還相信傳統有效的老一輩的買給晚輩。比起那些什
　　　麼飲的是比較難喝啦！但是有效！有人跟我說玫瑰四物
　　　飲、木瓜四物那種越喝越痛。」

我：「年輕人會來買嗎？現在來買的人跟以前一樣多嗎？」

老闆：「現在喔！同性戀那個通過了，那個隔壁啊洗衣店有寵
　　　物用的洗衣機烘衣機……」

我：「嗯？這，洗衣店跟四物有關係嗎？」

老闆瞅了我和伴侶一眼：「我跟你說喔！那個同性戀通過，他
　　　們都養毛小孩啦！」

我：「喔？是嗎？」

老闆：「我的四物有分少女、少婦、更年期婦女用的，你要問
　　　專家啦！」

我：「是是是，您四物有加減什麼內容嗎？請教您貴姓？下次
　　　我安排時間來請教專家好嗎？」

老闆欲言又止，遲疑許久：「我姓陳，姓陳一點都不貴，姓陳
　　　不好，太多人姓陳會娶不到老婆、沒辦法結婚……。」

我：「謝謝，下次請教您。」

　　離開前，我和伴侶特地走到隔壁店家，看到「寵物洗衣」和「寵
物烘衣」(Pet Wash and Pet Dry) 兩台機器，乾淨漂亮地擺在自助洗
衣店門口，展現著臺灣現代社會在清潔衛生與動物保護上的文明進
步。我試著去理解這位陳老闆，因為現代醫藥商品化，他所經營的

傳統草藥生意受到威脅的心情。也思索了，如果他連同姓氏不可婚配的傳統觀念都堅持，當然不用說去接受同性別的人結連理了。我也發現到陳老闆在對話中，將四物與「傳統」、「老一輩」、「相信」和藥效串接，並把年輕世代不再抓四物帖燉料的歸因，謬推到同性戀不生養孩子的邊上來，不但忽略了同性戀伴侶家庭正在爭取生育和扶養權，也罔顧異性戀家庭也有不想或無法負擔生養子女的社會問題。養毛小孩的當然不會只有同性戀家庭，根據內政部戶政司與農委會的統計，因著少子化、單身與老年化人口趨勢及薪資調幅不大等因素，犬貓登記數在 2020 年已超過生育率。[38] 實則，除了對於中草藥的疑慮，在政府衛福部等醫藥主管單位的宣導，以及健保實施後就醫方便，加上四物現代飲品化的多重影響下，未經診斷而逕行抓草藥來燉煮四物的傳統已漸改變。

　　外公過世後，中醫診所後繼無人，經過家族成員討論，便將店面租給了外公的草藥徒弟「家興」，[39] 讓他能夠繼續以販賣外公開的藥方維生。「家興」自小貧寒，在外公的教導與鼓勵下參加考試，也拿到了草藥師傅牌照（中藥師檢定資格）。多年來幫著外公挑選藥材、進貨儲存、炮製、煉蜜丸、秤兩分裝包帖。民間街坊所謂的世代父子相傳的中藥老店，裡面自稱「專家」的老闆們不僅並非中醫師，甚至可能連草藥師的資格都沒有。就算鋪裡販賣的草藥通過

38　詳細數據走勢請參考：https://pse.is/5glyww。
39　我從不知他真正的姓名，就只是聽到長輩們「家興」、「家興」這樣喚他。

檢驗，未曾接受過現代藥理教育的藥鋪老闆們，對於現代人生活中的飲食內容與西藥，可能與傳統漢藥單方或複方發生交互作用的理解通常不足。或許為了生意的緣故，或許也真的這樣認為，中藥房老闆們對於臺灣消費者常誤認漢方草藥就是「天然」，「天然」就是「無害」，多吃無妨的說法，亦少有更正。這位陳老闆既無婦女個別診斷資料（如：月水色量、經期長短），也未曾詢問影像醫學的病史（如：子宮內膜異位、子宮肌瘤），即逕自推銷起「少女、少婦、更年期婦女」等不同藥方加減的四物湯，實是不妥。遑論在我問及藥方加減內容時，再次迴避、推託到婚姻、傳統的話題上去。

事實上，漢醫素有「同病異治、異病同治」的概念。意即，有相同的證候也須因人而異來診斷開方，而就算是截然不同的病症也可運用相通的藥理去治療。以月經來說，即使它是大多數女性共同的生命經驗，所遭遇的困擾卻是因人而異，絕不可一言以蔽之，一藥以用之。我就曾為了釐清現代醫學對於傳統漢醫的誤解，深究臺灣民眾對於「漢藥無毒」的迷思，以及那些理所當然將女性生理階段與健康概念簡化的源頭，以圖像符號學整理、分析了日治時期報紙的女性醫藥廣告，發表了〈殖民時期女性「疾病」、「身體」與「健康」的符號運作策略與論述建構：以《臺灣日日新報》女性醫藥廣告為例〉（陳儀芬等，2021）。在研究中發現，始自日治時期，日商女性藥品廣告即以臺灣民眾「耳熟能詳，知其然卻不知所以然的婦人雜病等名詞」，將所有的月經證候揉合簡化為「血道病」、「子宮病」，並挪用臺灣習俗與文化中視經血與產血「不淨」的概念，

以「淨血」（排血）可以達成美白與衛生、健康的目的，並將用藥調經與「美貌」及「安產」連結。其中，那「漢方術語的誤用與漢方天然無害的迷思」更是影響至今，使許多臺灣女性仍誤以經期為病程，養成購買藥品自行調經的習慣，至今在藥妝店仍可看到的「中將湯」即是經典長銷的非處方調經藥品（陳儀芬等，2021，頁109-110）。

因著國民衛生教育的普及，大部分的民眾已然明白，經血、產血本身不是細菌性感染症的源頭，但經、產血不淨的觀念仍可在民間發現。在張珣 (2007) 以人類學角度研究性別與飲食議題的訪談研究中，就有許多臺灣婦女相信經血是不好的血，力行經期不洗頭、不飲冰食冷，免得經血無法排淨，會導致子宮瘤等說法。另外，停經對於已生養小孩的婦女，可能是終於「乾淨」地像男人一樣，可以和「配偶平起平坐」的延伸意義。而那因子宮肌瘤必須摘除子宮的婦女，對於沒有子宮就沒有月經，沒有月經就失去女性的權利與義務的悲觀也都可見（張珣，2007，頁81-82）。

女人有月經才能生育，為了生育所以要好好照顧月經。月經初來是大事，表示開始有受孕產子能力，月經不來也是大事，那是已受孕的徵兆。但就算從初經到停經，女性在過程中為生育所做過的準備與付出那麼多，一旦停經了，生、養的這個能力沒了，「責任」結束，女性身體也就無需再受到照顧。是的，「經、孕、產、乳」都沒了，面對更年期的婦女，傳統漢醫就是繞回那個唐代名醫孫思邈說的女性性情脆弱的問題上去（李貞德，2008，頁114-115）。

有什麼不舒服，漢醫開出來的不就是酸棗仁湯、加味逍遙散，再不然就是天王補心丹，大都是安眠、鎮定方罷了。失去月經的停經婦女，失去生育能力，是「天癸竭」賀爾蒙褪盡，是「地道不通」的陰道萎縮，是「形壞而無子」，失去傳統「價值」的女人了。「情緒那麼差，是不是月經來」？「脾氣那麼壞，我看妳是更年期了」。他們常常這樣說。臺灣現代社會中，就算不再把經血視為不淨／敬，還是連結了許多的負面意義。這樣的現象在西方國家亦可見到，如艾莉斯·楊 (Young, 2006) 在〈月經冥想〉中，以「月經衣櫃」來描述女性如何「謹慎執行**藏好**月經的命令」，「就像其他的怪胎（酷兒）一樣，女人若想被認定正常，得付出藏在『有月經者』衣櫃裡的代價」，「月經骯髒、噁心且不潔，因此必須藏好」(pp. 184–185)。月經，是多數女性共同的身體、心理與社會的經驗，而從臺灣飲食文化的面向看去，更是當代性別框架、商品行銷策略與消費者權力競逐的場域。

　　我沒用過中將湯，但從小就是喝母親燉煮中醫師外公配的四物湯料長大，也常聽地方上的人說，外公的配方比其他醫師或藥鋪的四物香醇美味。不過，母親的孫女們並不是每個都像我愛喝這一味四物。可見，就連在同一個家族裡，食療藥補的傳承也有著變動。想我初次喝市售的玫瑰四物飲時，也真的讓我大吃一驚，很不習慣那個甜味。不過，即飲品對忙碌的現代女性而言，便利性的確是消費誘因。當然，持續到個人可信賴的藥鋪依著老方子配燉料也是有的。聊起四物湯的記憶時，與我同年代、在大學教書的女性友人說：

「我媽媽怎麼對我，我就怎麼對我女兒。」可見不論煮或不煮，四物湯的食療藥補傳統仍是被保存在臺灣現代多樣的消費模式中，而對四物的認識、看法與運用也各有立場。可見到的是，調經目的已不單純為了生育，而生育能力也不再是女性健康的唯一標準，雖然這些都鬆動了傳統漢醫將女性身體功能化的論述，但也在商品行銷的操作下，漸漸轉變成為對女性外貌與身材的性別規範與制約。從「玫瑰四物飲」（以色補色）的強調臉色紅潤，到「木瓜四物飲」（以形補形）對豐胸的暗示，臺灣當代女性醫藥的商品化與食品化，對於女性身體健康與美好的定義恐怕仍是相當狹隘。

原被用於外傷瘀血作痛的四物湯，後被用於婦科疾病，還漸漸變成女人專用的藥補與食療燉料，不但是值得探討的醫藥論述建構史，更指涉了一個將飲食性別化與身體治理交疊的過程。還記得母親在我初潮結束後，每月準備四物雞湯給我喝，但因未能完善地向我的哥哥們說明，那並非專給發育成長期的女孩子喝，也對他們的男性性徵成長無害，弄得哥哥們總忌口不喝。重新回憶起這些才發現，煮食動作的實踐對飲食傳承固然重要，但知識系統的斷接卻可能影響到對文化內涵的誤解。畢竟，四物是藥材，即使男女通用，但也非人人能用。

臺灣民眾的醫療觀與飲食性別化過程，以月經為中心，建構了女性身體的使用與權力論述。當然，吃與不吃，也正在挑戰著傳統食補的存續，更關係著「女人」、「健康」與「美」的認知問題。我常請朋友到家裡用餐聊天，記得有次我煮了四物雞麵線，請油畫

老師在上課前一起吃，她遲疑了許久才喝上一口，驚訝地說：「我媽會煮，但我都不喝，因為好難喝。現在喝了妳煮的，我才發現很好喝。」另一位出身中醫世家的現代女醫師朋友則是說：「家裡任何用中藥煮的東西，從小我就全部偷偷倒掉了。但是，因為和妳聊過食療養生觀，我也開始注意飲食，好好照顧自己了。」

於此，透過對於月經週期飲食的探討，釐清知識系統的操作與變動，即是為揭櫫傳承「女食」文化的當代要義。女性以身體經驗，站到自己的「立場觀點」去瞭解女性的社會處境，更要以女性的處境脈絡去反思知識建構與傳播的脈絡，繼而賦權、重構主體始能自由煮食／飲食消費意願的生活實踐 (Haraway, 2010; Harding, 1991)。

藉此去「映照」傳統漢醫視女性為生殖載體的工具論，以「真正局內人」呈現不典型的多元身體經驗與社會控制，再以「特使」的身分廣而宣之 (Narayan, 1997)。把「月經的意涵從怪物化轉變成平凡之事並揭示之，可強調此一對我們——不論男女——都適用的真實」(Young, 2006, p. 211)。意即，「女人的

■ 四物雞麵線

一生在主要的生理變化間，並不單調一致……來經時刻給了我們的生活一種節奏……定位了我們的自我敘事」(Young, 2006, p. 209)。

月經不來，可能是懷孕了，月經再來，表示又可懷孕了，月經不順、倏地或慢慢消失，可能是更年期了。以下，再就漢醫醫理來談，對於孕、產、乳以及更年期的看法。

懷孕、產後及更年期的飲食

前文提及，《黃帝內經》對於女性生育能力的描述乃自「二七而天癸至」的分泌性賀爾蒙的青春期開始，接著則是「任脈通，太衝脈盛，月事以時下，故有子」等。對於具備基本生理醫學概念的現代人來說，女性在初經後即有生育能力是不難理解的。

但「任脈通」和「太衝脈盛」等脈相的形容，即使對照著經絡與穴位圖，可能仍會是霧裡看花。[40]

實則，漢醫經絡臟腑觀與現代醫學的解剖對應有相當的障礙。例如多數人耳熟的任、督二脈與其上諸穴，自古就是漢醫的針灸治療的經驗要穴，至今仍無法完全與現代醫學系統做溝通轉譯，只能大致以表面上的「位置線路」去說明，約莫是任脈在腹前、督脈在背後。不過，在黃帝與歧伯討論為何「男有鬚、女無鬚」的前後段

---

40 詳中國哲學書電子化計劃，哈佛燕京圖書館《欽定四庫全書》影印古籍，《類經圖翼・卷三・經絡一》；北京大學圖書館《經脈圖考四》掃描。

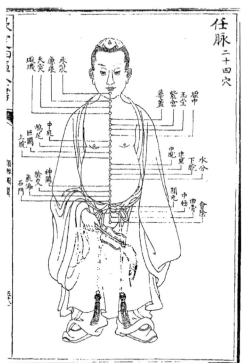

■ 任脈位置圖（資料來源：https://ctext.org/library.
pl?if=en&file=56343&page=117）

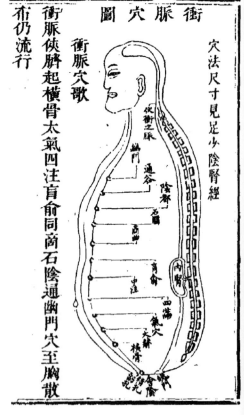

■ 衝脈位置圖（資料來源：https://ctext.org/library.
pl?if=gb&file=30930&page=42）

落，我卻發現一個與現代醫學可以通譯的任、督脈所在。

黃帝曰：婦人無鬚者，無血氣乎？歧伯曰：衝脈任脈皆起於胞中，上循背裡，為經絡之海，其浮而外者，循腹右上行，會於咽喉，別而絡唇口，血氣盛則充膚熱肉，血獨盛者澹滲皮膚，生毫毛。今婦人之生有餘於氣，不足於血以其數脫血也，衝任之脈，不榮口唇，故鬚不生焉。（《黃帝內經·靈樞·五音五位》）[41]

這裡說的是，衝脈與任脈皆起於胞中（子宮、卵巢等內生殖器官），循著背裡往上走，乃是「經絡之海」。海，納百川，謂經絡之集散地。且將衝脈放在一旁，仔細想這循著背裡往上走、又處於身體中線與督脈相對應的任脈，不難看出，任、督二脈即可能是古代漢醫對於神經系統在人體前後、裡外分布的理解。「督」者，監管、統領；「任」者，擔當、承受也，其中即有著對主動傳導訊息的運動神經與被動接收訊息的感覺神經等觀察。若就著〈任脈位置圖〉（前頁）的穴位再仔細看一次，這既是「循背裡」也「浮而外」，處於身體正中「腹前」的任脈，其「向內」可與感受內臟器官痛、脹、熱的臟腑感覺 (visceral sensors) 相對應，「向外」又漸與視神經、皮表的顏面神經、三叉神經交疊。

---

41 詳見中國哲學書電子化計劃 https://ctext.org/huangdi-neijing/wu-yin-wu-wei/zh，條目 4。

至於衝脈的紀錄有著上行與下行的分歧，關於下行的描述可在《黃帝內經・靈樞・動輸》找到：

衝脈者，十二經之海，與少陰之大絡，起於腎下，出於氣街，循陰股內廉，邪入膕中，循脛骨內廉，並少陰之經，下入內踝之後，入足下；其別者，邪入踝，出屬跗上，入大指之間，注諸絡以溫足脛。此脈之常動者。[42]

依著穴道去找，「氣街」位於腹股溝，「膕中」則是在膝蓋骨正後方，至於「內踝」與「跗上」就分別是腳跟內側與腳背外側上方，這些全都是可以摸到動脈搏動的位置，如其曰：「脈之常動者。」意即，衝脈位置與狀態實與現代醫學解剖觀念中的動脈相當雷同。加上前面提過，我將「氣」視為「功能」、「血」為「物質」的解釋，青春期賀爾蒙分泌，在「氣血」上面的展現，應該就是神經系統（任脈）的通達成長與營養（衝脈）的旺盛吸收，使女性開始有內生殖系統的月事循環。

賀爾蒙對於青春期女性在血肉方面的長大長高，容易確認。然而，它與神經系統的關聯如何，卻值得深入調查。為此，我特地請教為我確診癲癇的資深神經內科主治醫師：「關於青春期性

---

42 詳見中國哲學書電子化計劃 https://ctext.org/huangdi-neijing/dong-shu/zh，條目 5。

賀爾蒙分泌後，對於神經系統有影響嗎？有類似『成長較快』、『傳導迅速』的現象嗎？」不多時，醫師謙虛地回應我：「腹笥甚窘……剛剛查了一下，hormone，尤其是 estrogen，的確對 neuronal development 及 activity 有影響，具 neuroprotection(anti-oxidant) 的效果，所以 aging 和 estrogen 下降也有關係。」[43] 看到這個有著現代醫學知識與科學根據的回應，我再度對《內經》中的人體解剖觀察感到萬分佩服。因著這個發現，就可解釋更年期前後女性那些無可言喻的、在周身遊走的疼痛，原來是「天癸」不足、任脈漸漸不通（則痛）所引起。不僅如此，包括懷孕、產後與哺乳階段在內，女性因賀爾蒙變動而產生的種種不適，都可因能把握此相關知識系統，運用漢醫滋養三陰（脾、肝、腎）的概念結合現代營養學的方法，規劃女性面對生理轉變時期的飲食，而非就著民間俚語、習俗，人云亦云地描紅、一錯再錯。

43　賀爾蒙，尤其是雌激素，的確對神經細胞的成長與活力不但有影響，更有保護神經（抗氧化）的效果，所以老化與雌激素下降也有關係。

◆ 「安胎飲」再考

臺灣民間有著「補胎卡贏／好做月內」的說法，希望藉著懷孕時的調理求母子均安，其中就以「（十三味）安胎飲」最為人所周知。該方乃自「滑胎枳殼散」演變而來，而「滑胎枳殼散」又是南山道人為東漢湖陽公主因「居養豐逸，身體肥盛」、「每產累日不下」所開立，並不適合所有的「平等婦人」。

在清代漢醫陳笏庵著《胎產秘書》的〈不宜服瘦胎方辯〉中，即詳加說明，指陳將此方對妊娠婦人「一概施之」的謬誤：

> 凡妊娠臨產艱難者，大率由口饜甘肥，身耽安逸，既飽既臥，遂令胞胎肥濃，行動氣急，以致臨盆難產。宜於胎將足月之時，時時動作，勿嗜肥鮮，勿貪坐臥，勤行勤走，此即不藥滑胎之妙法也。乃世醫咸謂安胎之後，必須更進滑胎藥，始為合宜。豈知滑胎名目，昔人原為湖陽公主而設，蓋以貴家居養豐逸，身體肥盛，誠恐軀脂凝結，胞系堅固，特藉此以稍疏其肥滯耳。若平等婦人，一母之氣血，分蔭其胎，尚虞不敷，苟複加無憂、易生名目，一概施之，是猶人而複遭削奪，其能勝此乎。[44]

44　詳見中國哲學書電子化計劃 https://ctext.org/wiki.pl?if=gb&chapter=360713，條目 2。

首先，我們可以看到陳笏庵對於難產的解釋，不但展現著經驗實證推理，更與現代醫學的見解相應——孕婦飲食「甘肥」、起居「安逸」，吃飽了就睡，使得胎兒過大，孕婦一旦動作即氣息短促，以致臨盆難產。他又指出越是靠近足月預產期，孕婦更應常運動，不吃鮮肥之物，少坐少臥、勤走動，無需用藥即可順產。最後他更強調，一般婦女光是將全身氣血供應胎兒和母體，即有不足的疑慮，若還把這個「瘦胎」的方子安上「無憂」之名、宣稱「一概」可用，真是對人的多重傷害及剝奪。而這個「世醫咸謂」、「一概施之」的藥方，亦如當年那些在日治時期引進臺灣，號稱可治婦人百病的「中將湯」、「百調散」等現代製藥，一方面簡化女性的生理表現，另一方面忽略個別女性的社會階級、經濟環境差異（陳儀芬等，2021）。餘害至今，或誤信迂腐醫者，或相傳鄉野街頭，臺灣民間多數仍是以為漢藥無毒無害，出自善意在受孕初期即備「安胎飲」或「無憂散」供之，卻造成了流產的遺憾不在少數。就連致力推動飲食養生，關懷女性健康的旅日醫師莊淑旂 (2005) 也曾在其著作中建議，自懷孕三個月起可自行至中藥鋪購買、服用「安胎飲」，「以第三個月服三帖、第四個月服四帖，直至第八個月服八帖，才可停止」（頁 92-93）。對於這樣未經診斷的概括、自行用藥建議，又是出於占有權威發言位置的知名女中醫師之口，多年來對篤信漢醫藥者來說，其影響恐非尋常。[45] 在民初中醫婦科大家羅元愷 (2003)

45　《女人の三春【生理期・坐月子篇】》於 2013 年初版七刷，至今仍銷售中。

所編著，由臺灣醫界校改對照的《中醫婦科學》正體字教材本當中，也提及此「安胎飲」又稱「保產無憂散」，俗稱「保產十三太保方」，則是難產要方：「用於糾正胎位，效果較好……懷胎六七月服之，能使胎氣安和，臨產服之，亦可催生」（頁 184-185）。顯與先前清代漢醫陳笏庵〈不宜服瘦胎方辯〉中，不可將此方對妊娠婦「一概施之」的見解相呼應。

古時，婦女分娩即是生死攸關，從「生能過雞酒香，生未過四塊板」的臺灣民間俗俚便可知曉。當然，醫藥不發達，於是依賴宗教，也是理所當然，民間相信，婦女受孕後即有胎神，而緣由敬畏胎神，對孕婦的活動限制與禁忌就相當多。比如孕婦應多休息少勞動、不可拿剪刀，或不可隨便移動居所內部的擺設、鉚釘等，直到胎兒出生為止。更不難理解，將這個寧可信其有、小心為上的心情挪用到飲食面向來形成禁忌比食療／補多的現象。然而，在物質相對匱乏的過往年代，一般妊娠婦女本就已經很難從食物獲取足夠、均衡的營養，再加上許多傳統飲食禁忌的觀念，因而對胎兒與孕婦造成不良影響。從漢醫的觀點看妊娠，「受孕以後，陰血聚於任衝以養胎，致使孕婦機體處於陰血偏虛，陽氣偏亢的生理狀態」（羅元愷，2003，頁 137）。而從現代醫學的生理機轉來說，即是「增加血液量，以供胎兒生長」。可見，兩者對孕婦以血養胎的看法與孕婦應補血的重要性都是相通。然而，根據國民健康署 2017-2019「懷孕婦女營養狀況追蹤調查」的內容，可以發現貧血的盛行率仍高，其中鐵質與葉酸的缺乏尤是嚴重。此現象可能是因為民眾慣常

誤以「安胎飲」為孕補，忌生冷蔬果、辛辣香料，視肉類、海鮮甲殼類含毒等觀念，加上禁用尖刺刀剪等物、少運動多休息的日常等因素使然。近年，即使一般人不再理所當然將「安胎飲」當作補品使用，在傳統觀念的影響下，對日常活動與飲食的種種禁忌，還是容易造成婦女在妊娠期間活力下降，因偏食而體重容易上升，卻仍屬營養不均衡的現象。

實則，若能再回到《黃帝內經》中，對於女性生理從初經到更年期的經絡與賀爾蒙解釋，「任脈通，太衝脈盛，月事以時下，故有子……天癸竭，地道不通」，運用前文中我對其理解與現代轉譯：將任、衝二脈的調理對應神經系統與動脈的照顧，對任、衝所通過的臟腑進以榮養，輔之以五味五色等食療對策，便可重新建立「女食」保健的知識系統與實踐要點，不再困於傳統慣習與現代知識的扞格不入。即使唐代孫思邈之後的漢醫婦科學，確立了以胎產為中心的女性身體論述，其「婦人方」也對後世的知識建構影響深遠（李貞德，2008，頁 114–115）。我們還是能夠從女性的立場觀點，適切也自主地為不同身體特質、生育與否的心理意願和人生階段，去規劃以飲食為軸心的生活節奏與運作，再度認同、傳承並實踐藥食同源的珍貴「女食」文化。

◆ 「做月內」的禁忌與轉化：以麻油雞為例

黃季平 (2006) 在其〈做月內與坐月子中心—舊民俗轉為新產

業〉一文中指出，表面上看來，「做月內」是在過往物質匱乏的年代，對產婦健康的照顧與營養補充，但其本質卻是充滿「社會的、民俗的與宗教的」深層意涵（頁 142）。對舊時醫療資源匱乏的婦女而言，分娩不但痛苦，更是冒著生命危險的過程。產後調養的重要與必要在世代傳承、口耳相傳後，不僅成為身體論述的部分，更交錯著宗教信仰與社會儀式的執行，如漳州古例，產婦若在「月內」往生，須待兒成人後誦念《目連正教血盆經》始能超免於地獄血池之罪苦（陶立璠，1987，頁 202；黃季平，2006，頁 147）。而此《血盆經》描述的正是眾女子墮血盆地獄之緣由：經血、產血污穢，觸怒地神，或在不知情的狀況下，使用洗滌過月經布、產褥的不潔之水來供養神佛，故於死後受苦。雖然，從身體的生理運作來說，經血是生殖能力的展現，產血更可以是新生命的見證，但透過與儒、釋、道的交融，不僅將之詮釋為污穢不潔、冒犯神明的象徵，藉以建立起傳統社會中男尊女卑的秩序，更視之為婦女病的過程（翁玲玲，1999；Dikötter, 1995; Furth, 1986; Seaman, 1981）。

關於身體、情緒、行為與環境的傳統禁忌，例如不可洗頭、不可流淚或是不可下床、不可開窗出房門或不可有訪客等，在現代社會中早有許多改良或破除，但飲食禁忌仍是特別受到注重。不論是民俗學者或是人類學家，也都觀察到臺灣「月內」儀式中與飲食相關的禁忌以及食補食療觀。在翁玲玲 (1993) 以田野調查為主的研究中，偏向從文化時空的脈絡，試圖去合理解釋其中看來「迷信」的成分。而在黃季平 (2006) 的研究中，則可見到產後的傳統食療要項

如何依附、轉借到現代醫療的概念上，繼而成為現代社會中的「活傳統」。

經過學者們整理，傳統「月內」飲食禁忌方面大致包括：1. 不吃鹽；2. 不喝生水；3. 忌生冷蔬果；4. 忌毒性食物；5. 不吃鴨肉、廉價魚類；6. 不吃辛辣燥熱食物；7. 不吃堅硬食物等（翁玲玲，1993，頁 4；黃季平，2006，頁 150）。這些禁忌可以說是因著舊時醫療資源匱乏、環境惡劣而發展出的身體與食物經驗談。然而也如同其他的禁忌般，不能單純用尊重傳統的說法來避開檢驗與訂正其謬誤。更何況，從藥食同源的角度來看，這裡的「生冷」、「毒性」、「鴨」、「辛辣燥熱」等本就是源自漢醫術語，倘有似是而非、續之則害人健康之虞，更應好好釐清。

東漢張仲景撰《金匱要略》其中便有〈婦人產後病脈證治〉，對於產婦症狀有著簡要的描述：

> 問曰：新產婦人有三病，一者病痙，二者病鬱冒，三者大便難。何謂也？師曰：新產血虛，多汗出，喜中風，故令病痙；亡血復汗，寒多故令鬱冒；亡津液，胃燥，故大便難。[46]

這是說，產婦因分娩過程中的失血與大量流汗，主要會有肌肉疼痛痙攣、情緒鬱結昏眩和便秘三大症。從字面上看漢醫觀點的病

因病機，是說因失血多而導致陰虛陽盛多汗，痙攣又是多汗受風邪所致；失血加上流汗過多所以容易頭昏目眩；最後，又因為津液不足，燥傷胃而大便困難。然而，位列首病的「產後痙證」卻非單純的失血過多導致，對現代醫學有理解的漢醫已經發現，那有可能是孕期鈣質補充不足導致，或因癲癇、或高熱抽搐，或是極度危及生命的破傷風感染。可以想像，在衛生環境不佳，細菌學與病毒知識亦尚未發達的舊年代，對於產婦抽搐的解釋、預防和治療，只能訴諸各類「禁忌」的操作。

抽搐，讓人第一個聯想就是中毒，所以「忌毒性食物」很重要。最耳熟能詳的應是芒果、鴨肉與海鮮蝦蟹，幾種其實是容易導致過敏或因不夠新鮮、烹煮處理不當而導致腹瀉的食物。忌生冷蔬果、少喝水，都是基於對女性天生體質偏涼，產後失血四肢冰冷更甚的推理，卻忽略了產後應補充水分、纖維才能助排便的需要。此外，對於忌鹽、辛辣燥熱其實是怕傷口難癒合，[47] 這對於沒有辦法為產婦好好消毒傷口防止感染確有其道理，但在現代醫學的幫助之下，該問題已可解決大半。這些完全沒有「調味」的飲食禁忌，反而會影響產婦食慾有礙營養補充。最後，不吃堅硬食物，也是因為在那營養不足與沒有刷牙習慣的年代，會有著基於「生一個孩子，掉一顆牙」的現象所產生的經驗談，所以要避免在「月內」傷害牙齒。

47　劉力紅 (2019) 在《思考中醫》中即有關於江湖郎中如何治蛇傷快速，卻又可拖延傷口癒合的故事。其關鍵即在於忌鹽（頁 48）。

我要再度強調，許多禁忌是架構在過去的環境限制，甚至是對於傳統漢醫術語的誤解和一知半解。重新釐清傳統漢醫對產後諸證的描述，對於破除許多膳食或行為禁忌的迷思相當重要。此外，亦可幫助我們重新思考如何以當代臺灣的時空環境脈絡與女性立場來建構「月內」的食補知識系統。

　　前面提過，「生能過雞酒香，生未過四塊板」，麻油雞的確是對臺灣產婦的典型食補要項。從我對麻油雞有印象開始，它也就隱約與坐月子有著關聯。會做菜之後，只要身邊有朋友坐月子，我便會在產婦體力恢復、醫師許可，炒了麻油腰花或送上麻油雞過去，她們都會吃得很開心。但麻油雞真的只是產婦的「月內」專屬飲食嗎？如果俚語內容是「雞酒」，那其中麻油的重要性是什麼？而這個製造「麻油」的「麻」又是什麼種類的呢？從民俗文化、性別的角度來看，麻油雞應有其重要的象徵與實質意涵。

■ 麻油雞

　　在文化部所建置的「國家文化記憶庫」中，[48] 若以「麻油雞」為關鍵字做精確搜尋，可以發現麻油雞在臺灣的民俗與文化意義展現十分多樣。至少在日治時期就有麻油雞為閩客各族群產後補品的

48　詳文化部「國家文化記憶庫」官網 https://memory.culture.tw/。

紀錄，或是生男丁後回娘家報喜的伴手禮，或是感謝產婆的心意。另外，不論是拜那保護十六歲以下孩子們的「床母」，或是成年禮祭「七娘媽」，麻油雞也是不可缺的供品。而員山新城埔與雞籠的中元祭，則以麻油雞撫慰難產的婦女亡靈。埔里地區的「葛哈巫」、「巴宰」族則流傳著 maxadaxedaxe（巫婆或番婆鬼）討吃麻油雞，否則作亂或吃小孩的故事。清末中國移民初至宜蘭冬山地區，為求保佑而將幼兒獻給神明（石頭公）當義子，即會送上麻油雞以求「掛貫」（紅線繩綁石幣配戴）。建於 1745 年（清乾隆 10 年）的竹山社寮紫南宮，每年元宵都會舉辦「吃丁酒」的活動：由去年生男丁的人家供應閹雞數隻，生女則以豬肉塊祭拜，全部由廟方統籌社區信徒民眾烹煮分享。近年紫南宮「吃丁酒」，業已從社區式活動擴大成為桃、竹、苗民眾的盛事。種種資料顯示，早自清、日治時期開始，原住民、閩客族群皆有使用麻油雞的紀錄，與女性（女神、女鬼、女巫）、生子以及感謝產婆、求神庇佑有所關聯。其中略可見到農業時代重男輕女的民俗傳統，妖魔化女性並由男性除妖，藉之鞏固男尊女卑的階級運作，或是利用神格化女性的操弄，暗示照顧子女是母親理所當然的天職。另，我在陳耀昌醫師 (2018) 所著的歷史小說《福爾摩沙三族記》當中，找到一段關於麻油雞是使用苧麻油的敘述，但這個說法難以驗證，只能說麻油雞之為臺灣婦女產後的補品的確是共識：

麻豆社的漢人烏嘴鬚也聽到牧師與夫人喜獲麟兒，也送了一隻

雞來，香噴噴的湯，還微帶酒味。烏嘴鬚説，這道「麻油雞」是漢人婦女產後必備補品，香味來自苧麻榨出來的麻油。牧師夫人笑説，福爾摩沙婦女好福氣！[49]

事實上，臺灣民眾烹煮麻油雞時愛用的麻油，屬於香氣濃郁的胡麻（黑芝麻）所提煉。從農委會「農業知識入口網站」中可發現，臺灣胡麻栽種的高峰期是 1961 年，其後漸轉為進口，自給率相當低。直到 2012 年活化農地利用計畫鼓勵栽植，2018 年後總產量才倍增，以臺南、彰化、雲林、嘉義、屏東等南部縣市為主要產地。而根據「中研院數位典藏資料網」可以發現，自 18、19 世紀起，清道光咸豐年間泉州人即在臺灣設立榨油坊，如淡水的「油車口」地名即由來於此。續而查找，我發現不論是臺南安定、彰化埔心、雲林二崙、嘉義梅山、屏東崁頂等地皆有「油車」古地名存在。兩相比對後，不論荷西時期採用的是苧麻還是胡麻，可以確認的都是臺灣種植胡麻榨油的年代甚早，而麻油雞之為產後補品的觀念也如上述資料顯示，早已存在。即使日本殖民政府在建立現代醫政制度過程中打壓漢醫，引進日本藥商生產的各類和漢藥或營養品，至今仍影響著臺灣女性的身體健康知識與用藥觀（陳儀芬等，2021）。日本殖民政府亦曾強調以均衡、清淡的日式料理來當作產後飲食建議，「麻油雞」、「麻油腰子」、「花生豬腳湯」等傳統食補，卻

49　請參考 https://newtalk.tw/news/view/2018-05-26/125061。

仍是臺灣女性「月內」歷久不衰的選擇（張宇均，2021）。這一切，都在在顯示了數百年來麻油雞在風味、功效與營養各方面經得起考驗的事實。

當然，麻油雞也如同所有的用藥與食補項目般，不可隨時隨人、一體適用，尤其不能給剛分娩完產婦食用。因為，麻油雞可幫助收縮子宮，但在產婦需要排惡露的當下，無非是種阻礙。同理，對於經血未淨的女性，也會造成血瘀。另外，對麻油雞烹煮方式也有著「全酒」（完全不加水）、酌量用酒或不用酒的差異。對於計畫哺乳的產婦而言，含有酒精的飲食是否會對嬰兒的腦部發育有影響，仍見仁見智。至於，吃多了麻油雞會口渴，所以體質燥熱者勿食的建議，亦有不加酒即可的說法。綜言之，如同許多的傳統一般，麻油雞的存在不變，但以多元多樣的方式呈現在過去、現在、未來的臺灣人民生活裡。

臺灣本土胡麻的消費需求不減，栽植總產量也重新恢復，加上現代營養學對於麻油成分的肯定，麻油雞絕不應被侷限成性別化、功能化的臺灣婦女產後食補。從歷史、民俗的觀點來看，麻油雞有其豐富的象徵與實質意涵，而在傳統漢醫藥食同源的脈絡下，胡麻性甘平入脾，補肝腎又通腸潤肺，[50] 不僅是女性保養「脾肝腎」三陰的好食材，更是男女通用的抗老化良方。麻油入菜料理可謂千變

---

50 詳汪昂《本草備要》條目 75-79， https://ctext.org/wiki.pl?if=gb&chapter=568903&searchu=%E8%83%A1%E9%BA%BB。

萬化,搭配肉類、蔬菜、蛋、內臟或海鮮皆相宜。意即,承載著歷史與民俗意涵,展現著臺灣本地農業價值,「麻油雞/料理」以符合現代社會對於美味、營養與健康飲食需求之姿,不僅是臺灣「女食」的活傳統實踐,更可能成為將飲食禁忌、風俗轉化成為文化資產的契機。

■ 三杯翅小腿

■ 麻油薑拌炒鮮菇山蘇

■ 三杯透抽、麻油豬心、麻油九層塔玉子燒

◆ 被遺忘的更年期

長期以大甲地區為田野的人類學者張珣 (2007) 曾發表〈文化建構性別，身體與食物：以當歸為例〉一文，且在「被性別化了的身體」的段落中，首先引述艾森斯坦 (Eisenstein, 1988) 與艾齡頓 (Errington, 1990) 等學者對於社會文化脈絡與身體的互涉影響、滲透的看法，再就東、西方與原住民部落等不同地區，整理月經、經前症候群、經血象徵與更年期等人類學研究文獻（頁 77）。她強調，在文化影響身體認知與價值建構的脈絡下，研究者不能單以西方社會價值與醫療觀點，歸納、框架世界不同地區文化和族群會如何看待、評斷與月經相關的生理表現。張珣 (2007) 也採用了斯高坦斯 (Skultans, 1988) 的看法，認為不論是在東、西方做月經研究，都應該將重要的關係人（如配偶）對月經的態度納入考量，因為每一個婦女都不會獨立於社會脈絡之外。研究婦女對月經、經血態度的同時，也要將婦女對停經的認知一併訪問方能趨近全貌。最後，她認為「與異性關係良好的婦女……會因為月經不適而求醫，但是對月經的態度卻是傾向正面的」（頁 79）。

回到臺灣的田野報告整理中，張珣 (2007) 發現，對臺灣的民俗療法或是傳統漢醫而言，婦女更年期的概念並不存在，而大多數接受訪談的當地婦女，也不認為停經是需要治療用藥的疾病。她們通常是透過經期開始紊亂，來判斷自己是否開始要停經，「並非每個人都有潮紅，失眠、腰酸」。同時，比照起她在 1970 年代於深

坑所做的月經訪談，所有回應都是「月經期間不可拜拜」的情形，2007 年在大甲進行的研究結果已有相當程度的轉變，對於月經、經血或停經，看法當然也更加多元（頁 81–82）。

　　然而，張珣的田野調查畢竟已是多年前的資料。期間，醫療進步與媒體網絡的擴展，使健康相關資訊傳播更加快速。不僅如此，與異性關係良好的婦女，對月經的態度較傾向正面的這種說法，更是將生理女性的同性戀、雙性戀或是跨性別族群排除在外。張珣 (2007) 的研究也提到，因著經血對神明不敬／淨、男尊女卑的民俗信仰，停經婦女自認生養子女的任務完成，就不憂慮停經會有何損失，也覺得停經之後「自己很乾淨」，於是可以天天去寺廟拜佛或修煉，也可與配偶平起平坐，得到子孫的敬重。加上民俗療法與傳統漢醫並無「更年期」概念，所以不會將更年期過程中的身體不適與停經連結，進而尋求治療或用藥，也就這樣「平順」地渡過了（頁 82）。然而，這種因為沒有相關知識或概念，所以心理「平順」便安然渡過的結論，正是問題所在。我認為，訪談中因停經而不再有生育能力的婦女，身體在傳統性別文化框架中失去了價值，不但理所當然地接受被傳統漢醫體系邊緣化的事實，甚至利用停經作為攀升性別階級的契機與路徑。最後，卻在這樣的意識形態內，終於忽略了自身在更年期與其後將面臨的健康問題。就如同楊 (Young, 2006) 所指陳，女性被社會文化事實束縛，也被他人的行為與期待所制約，於此同時她便用自己的方式去接受、去行動。然而，就在這些歷史所設定的、相對穩固的制度與關係中，像是傳統、類傳統

與風俗習慣等種種規範裡，我們通常找不到那些「選擇」或者「創制」的線索。唯有透過性別觀點才有可能看出「一個人在結構中被定位的方式，隨著他人在各種制度環境中如何看待他或她而變，也隨著個人怎麼看待自己而變」(p. 28; 31)。

對於強調在當代社會文化脈絡下，審視性別認同與社會關係的連結，重視個別身體感受的方法論來說，張珣 (2007) 當年的田野研究與論述已是不足。不論是月經、經前症候群或是「更年期」之為術語或是知識，也不能再說是因為民俗療法、漢醫系統沒有相關資料，就可以否認或是輕忽的議題。婦女面對更年期種種症狀時的困擾，以及停經後面臨骨質疏鬆、罹患心血管疾病比例升高的現象，現下已經是不可否認的事實。尤其，從人類學的角度來看更年期，雖然在不同的時空、社會脈絡下，各地區族群所展現出來的文化意涵會有不同，但將更年期與月經同樣放在由意識形態所構築的「疾病化」框架中卻是有問題的。因為，傳統社會與漢醫體系視女性身體為胎孕載體，而月經正是生育能力展現，縱使月經的「疾病化」其實是為治療不孕而發展起來，影響、宰制了女性身體使用權與意義價值，但相對地也推動了關於（停經前）女性身體更多的理解與知識建構（李貞德，2008，頁 114–115）。

現代醫學的資料顯示，十九世紀即有婦女停經前後症狀的描述與就診紀錄，隨著越來越多的資料累積，更年期的樣貌也越來越清晰。術語使用上，日本是以「更年期」為主，用「期」表達時間過程的概念，而西方傾向使用「停經」(menopause) 一詞。症狀上來說，

日本的婦女以疼痛不適為主；西方則是以熱潮紅為主訴內容。在治療方針上，醫界也漸漸取得症狀緩和治療的共識 (Lock, 1993, pp. 303–310)。對於更年期間諸證與其後的生理狀態，也可見到近年現代漢醫意圖重新建立病因、病機與治則規範的努力。

目前在臺灣，大多數民眾已經瞭解「停經」前後就是「更年期」，時間長短也因人而異。事實上，不管是以「更年期」或是「停經」(menopause) 來命名，要不要將這個女性生命中必經的身體轉換階段視為疾病，或者去分類東、西方人種在症狀上的表現有何差異或是文化表現 (Lock, 1993)，對女性身體健康來說，並無實質上幫助。接受、認識「更年期」的存在與其對自身可能的影響，並同時啟動與之相關的研究，才是真正能嘉惠所有婦女的行動。因為，對仍可生育的女性、已生育或不曾／能生育的婦女而言，「停經」與「月經」一樣重要，不僅是在社會文化的面向上，在身體健康與醫療知識的層次上亦然。是的，「並非每個人都有潮紅，失眠、腰酸」，症狀也因人而異，但更年期仍舊是所有女性都會面臨的生命階段，更年期的照護也關係著女性老化的速度與老年的生活品質。

針對更年期婦女的西方營養學建議，多是以補充鐵、鈣、蛋白質、維生素 E、C 等，然而這種以「營養素」來思考的飲食建議，對於烹飪過程中的食材選擇與調味都不夠明瞭直接。什麼食材可以對應鐵質？鈣質？蛋白質？各類維生素在不同蔬果的含量？這些可能都是需要重複查找，且資訊還不一定正確，進而發生流行吃什麼最健康的謠言漫天。我認為，對於講求效率的現代女性來說，應該要

有更好、更簡單的操作原則才是。因著生命經驗與疾病所促成的知識探索，以及多年來為了照顧自己而進行的煮食勞務中，我真切體會到驗證傳統藥食同源與現代營養學的重要。就更年期飲食來說，回到《黃帝內經》中，將藥食同源的概念加以轉譯、發揮、運用，一方面可以解決西方營養學專業術語與民眾的疏離，另一方面也可以為臺灣婦女，補上傳統漢醫、社會文化甚至自身所忽略的一塊拼圖。

　　如前面我所提過的，更年期即是《黃帝內經》所言，「天癸」（枯）竭、任脈漸而不通、衝脈次而衰的過程。也正是如此，以同一個知識系統架構去思考，立於藥食同源的基礎上，運用滋養三陰（脾、肝、腎）的概念，輔以現代營養學，規劃女性每日的飲食內容與營養吸收，改善生理的功能面（氣）與物質面（血）雙重老化所造成的不適，或避免相關疾病的發生，當是更年期照護可以思考的方向。《黃帝內經》中的四時養生食療觀，脾屬土色黃、肝屬木色青、腎屬水色黑，正可提供許多當代「女食」的規劃與操作原則。

■ 混炒芹菜木耳肉絲拌豆乾

■ 醬燒茄子

■ 涼拌山藥

■ 蒜粒油拌莧菜

■ 炒蘑菇

臺灣當地、當季的「女食」活傳統

■ 海菜吻仔魚

　　傳統漢醫係既以《黃帝內經》為圭臬，婦科學又以胎產為要務，故對調理任衝有所共識。直至清代，眾醫家即使在治則或有其／歧見，任衝之理雖有滋養三陰的比重差異，卻仍是在肝、脾、腎的範圍內。如葉天士視任衝之補即肝腎之補，唐容川認為治衝即是治肝，秦天一指出衝脈重點在於心脾的調理，而徐靈胎則將所有帶下之疾歸於衝任，並以養血為要。對於現代漢醫而言，則「安胎之法，以

補腎培脾為主，補腎為固胎之本，培脾乃益血之源，本固血充，則
胎可安」（羅元愷，2003，頁137）。意即，針對女性的身體健康，
應以任衝二脈的調養為要，那麼放回藥食同源的面向上，其重點就
會是對應肝、脾、腎的食物特點，或如其色、味、穀與其畜了。而《黃
帝內經·素問·金匱真言論》當中，正有著關於食療內容如何對應
五行與臟腑養生最為重要的段落[51]，我將其整理成下表以利說明：

畜	穀	味	色	體	竅	腑	臟	季節	方位	五行
雞	麥	酸	青	筋	目	膽	肝	春	東	木
羊	黍	苦	紅	脈	舌	小腸	心	夏	南	火
牛	稷	甘	黃	肉	口	胃	脾	長夏	中	土
馬	稻	辛	白	皮毛	鼻	大腸	肺	秋	西	金
彘	豆	鹹	黑	骨	耳	膀胱	腎	冬	北	水

■ **五行飲食養生的對應原則**（資料來源：作者）

---

51 《黃帝內經·素問·金匱真言論》，詳中國哲學書電子化計劃 https://ctext.org/
huangdi-neijing/jin-gui-zhen-yan-lun/zh，條目 3。

　　須在此強調的是，如我所命名，此表僅為「對應原則」，而非不可變動的實踐步驟。因為，《黃帝內經》成書立論之年代久遠，所屬地形氣候又以北方大陸為主。反觀臺灣是為海島國家，兩者的風土物產大不相同，而現代養殖、耕作技術的發展與動物權注重，也都影響了臺灣現代的飲食內容與文化。我認為，以當地、當季為思，將臺灣本島或海域隨時序所出產的當季農作、畜牧或是海鮮加以比對運用，應是建立符合臺灣自然、社會環境脈絡以及五行哲理的健康飲食關鍵。例如臺灣不食馬肉，但秋季蝦蟹、貝類等豐收，此即可論為馬肉的代換。另，臺灣全年四季皆有漁獲，既使是養殖魚產，如午仔魚、石斑、台灣鯛、虱目魚等，只要對應當季盛產以食用多樣的魚種，概念上即是五行皆通、三陰全補的任脈調理。尤其，現代營養學也證實魚肉所含的各種養分對胎兒腦細胞、神經系統的發展極其重要。如前所提，任脈可視為現代解剖學中的神經系統，故而在傳統藥食同源的食療的脈絡下，可將不同魚類視為孕婦胎產與更年期重要的營養補充。同理，任脈既為女性要脈之一，食用臺灣本地當季漁獲，也會是臺灣「女食」承自北方大陸傳統漢醫、藥食同源觀的活傳統、新立論。在營養均衡的基礎上，春多食青／酸以疏肝，長夏多食甘／黃以補土，冬多食鹹／黑以養腎，更是女性在季節營養調配與烹飪時很好的參考依據。以現代營養學來比對，蔬果的纖維可幫助消化排便，紓解胸脅滿脹，舒筋助眠化肝鬱。多種醣類、維生素與礦物質，都可以補脾土養肉、入腎養血生骨。臺灣四季皆產蔬果，當然無須僅止於以「五行飲食養生的對應原則」

中的五穀主食對應之，只要在色澤、氣息與調味上多加運用，又可成為當代另一臺灣傳統「女食」的重要論述與實踐。尤其是在調味方面，《禮記・內則》有「凡和，春多酸，夏多苦，秋多辛，冬多鹹，調以滑甘」的記載，[52] 亦呼應了《內經》的四時養生食療觀。

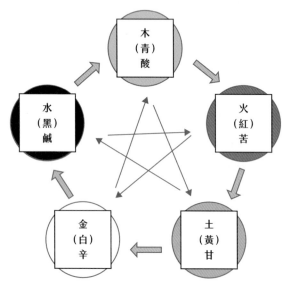

■ **五行、五色、五味生剋圖**（資料來源：作者繪製）

　　事實上，調味快速又簡單的祕訣，就在於五行「相剋即搭配」的方式思考。在上圖中，若以「酸」來看，與之相剋的即是「辛辣」及「甘甜」，如此應不難想像，酸辣湯的美味或是可略帶辣味的甜

52　《禮記・內則》，詳中國哲學書電子化計劃 https://ctext.org/liji/nei-ze/zh，條目35。

酸醬受歡迎的原因了。若再加上隨著季節變換的五色（蔬菜）與五畜（蛋白質來源）飲食養生對應，那麼，在春天令人疏肝解勞的，就會是一盅甘酸的梅子雞。初夏，鹹蛋苦瓜就是消暑散熱的良方。牛肉蘿蔔燉湯，就是在炎炎長夏促進食慾、保養腸胃的好料理。秋季，要把薑末、白胡椒、芹菜灑上滿是當季海鮮的稠粥，活血補氣，立竿見影。而冬夜裡，那一碗黑芝麻杏仁糊，正是養脾潤肺補腎的好選擇。對我個人和伴侶來說，一起準備繽紛多纖、種類多樣的早餐、分享心情，就是我們家庭的晨光序曲，控制血糖、五行均衡、養分充足，概念其實非常簡單，那便是餐盤內的彩虹光譜與相聚的儀式。

■ 梅子雞

翻開泛黃的食譜、斑駁的筆記，或者小心翼翼地撥開抽屜深處那張皺皺的小紙片，我們可能會發現，許許多多的菜色與調味搭配，都曾經由一代接著一代的女性在煮食勞務、在書寫、在味嗅覺的記憶裡被保存下來。也許，過程中失去了對於五行相生相剋的理解，是一種「默會」的技藝，但卻也成為每個家庭、個人難忘的記憶、一串影響你／妳我的文化基因序列，在飲食風俗傳承中不斷演化而成為我們臺灣的「女食」文化。

■ 蘿蔔牛肉湯

■ 苦瓜鹹蛋

03 ／ 我們的「女食」故事

第三章　我們的「女食」故事

　　在有形、無形文化遺產論述的發展過程中，可見到學者專家將各文化遺產類項的保存重點，漸漸從「物」轉向「人的知識與技術」(Kirshenblatt-Gimblett, 2004; Romagnoli, 2019)。此外，近年以國家、地區利益為「社會想像共同體」，進而圈圍特定飲食文化的申遺策略，更是與權力競逐的國際遺產政治環境息息相關 (Helstosky, 2004, pp. 127–128)。例如曾受挫敗，但捲土重來終於成功的「日本和食」，即是借鏡「法國美食大餐」、「地中海飲食文化」與「傳統墨西哥美食」的申遺策略，以「廣義的國家飲食特色與實踐 (broad national culinary characteristics or practices)」，而非特定的料理或與其相關的技術（如克羅埃西亞薑餅）來作為申遺內容。若從統合內部差異，取得國家認同，同時符合《保護無形文化遺產公約》(ICHC) 規範的要件來說，法國飲食文化申遺的論述策略，更是略勝一籌的先驅，可為各國攻錯的他山之石 (Akagawa, 2018, p. 203)。在聯合國教科文組織的 2014 年定期報告中，就有這樣的描述：

　　法國人會以充滿歡樂的美食饗宴來慶祝重要又喜悅的人生大、小事，不論是新生兒、過生日、婚禮、畢業、順利成功或是相聚在一起的機會。那是一個在餐桌上分享喜悅的時刻，是團體生活中不可或缺的部分……藉以強化凝聚、延續認同。

　　那是由飲食與真摯友情為重心，一種共同呈現的社會實踐；是

以享受美好飲食為焦點，而非特定菜色的一種共同呈現之社會慣習。(France, 2014, p. 42)

　　於是我發現，「法國美食大餐」的申遺論述策略，是以共享 (sharing) 與消費 (consumption) 為切入點，而非以保存特殊製作技術為重點。如此一來，就可以避免論及某一菜色時，在「區域」、「材料」與「烹煮方式」等議題上，會有何者為「原真」抑或「正統」來一較高下的爭論，甚至因此而影響到國家內部族群的向心力。雖然在法國男性人類學者的眼中，「法國美食大餐」的申遺影片，可能會有著「些許熟悉又不那麼完全一樣」的彆扭 (Tornatore, 2013, p. 342)。但就是因為這個定義模糊、分類不清的說法與呈現，反而使得「法國美食大餐」在論述或是實踐上，能夠納容多樣性又並呈差異，在最大公約數的基礎上達到整體國家族群認同，更符合了 UNESCO 對於無形文化遺產，應具備「再創新」與「再界定疆域」的能力，在國家體制內或是國族主義下「重新集結」社群的看法與期許。[1]

　　不僅如此，在「法國美食大餐」的影片介紹中更可發現到，不同膚色、世代、男女老幼的「法國人」，一起買菜和商家討論食材、作法，從選酒、前菜、主餐到甜點，一起烹飪、擺盤上桌，充分展

---

[1] 無形文化遺產官方中文 2018 年版（頁 5），https://ich.unesco.org/doc/src/2003_Convention_Basic_Texts-_2018_version-CH.pdf。

現「相聚」(togetherness) 的論述與實踐精髓。[2] 對比起在「地中海飲食文化」的申遺影片中，強調湛藍海色，安排漁夫以及穿著傳統工作服的農人為敘事主角的作法，[3] 法國的影像明顯避免呈現、連結任何從過往到當代完全毫無改變的想像。畢竟，社會互動的「現況」乃是由法國內部（仍）不斷變動的族群成員所主導，那也正是當代法國社會中正在「享用美食」文化的想像共同體與每一個體。對於法國這樣的飲食文化遺產論述，布魯洛特與迪・吉奧維內 (Brulotte & Di Giovine, 2016) 有精闢的見解：

　　飲食是為團體共生的實踐，以一種儀式性的、結構性的方式讓人們團聚，這本就是社會科學之飲食研究中不證自明的道理。它同時從論述與實踐的面相上去強調相聚、交流，更以此喚起對於人物、場景或活動的回憶……然而法國影片敘事所帶出的重點，卻不僅是人民共有的文化遺緒與社會慣習而已。它更是以精準典範的方式點出遺產論述的本質：遺產，調解兼容了社會群體中所有個體的差異，強化聯繫了隨著時空開展的社會組成，更以一種想像的方式連結起過去與現在……遺產論述確實蘊含著某種懷舊情懷，但也是對於某些過往的有形或無形要素，一種值得保留，值得傳承給未來世代的理解與看法。(p. 16)

2　見無形文化遺產官網法國美食大餐申遺紀錄片，https://ich.unesco.org/en/RL/gastronomic-meal-of-the-french-00437。

3　https://ich.unesco.org/en/RL/mediterranean-diet-00884。

　　必須承認，這個法國飲食文化申遺論述，令我驚豔不已。因為它不僅囊括了「保存」(preservation/safeguarding) 與「社群」(community) 兩大文化遺產論述原有的重心，更將「當代」(contemporary)、「個體」(individuals) 與「實踐」(practice) 的概念加入，活化了「傳統」的定義，讓它不再只是不斷重複、不變、僵化的社會慣習而已。而這個用「模糊」來廣納多樣性，以「當代」、「個體」與「實踐」來展現傳承與變動一體兩面的論述策略與邏輯，不正呼應著哈拉維 (Haraway, 2010) 所言：「褻瀆可以保護一個人免於內在的道德多數，同時仍堅守對共同體的需求」(p. 149)。不也肯定了女性主義者不斷在自身關懷的議題脈絡中建構、變換不同立場位置的可能 (Narayan, 1997, pp. 150–151)。更提醒著我，要針對由不同個體行動卻也共同完成的結果進行觀察，反思我與其他女性在（臺灣傳統飲食文化）社會結構中因著「被定位」、「被看待」以及「被自己看待」而不斷改變的方式 (Young, 2006, p. 31)。因為，這些都將有助於解構／放那與傳統女教婦德、身體醫學知識、性別階級等框架交織層疊的臺灣飲食文化，更為「女食」開展符合當代多樣性需求的行／變動場域——讓每個女性，從不同立場、不同觀點卻也共同去建構完成的「女食」處境知識。

　　因著「法國美食大餐」申遺論述的啟發，以及對保存文化遺產的理解與看法，這個以自我的身體與生命經驗作為研究的初始，在梳理相關文獻後，將再進一步以我的社會關係座標為軸心，慢慢離心擴散，以滾雪球的方式，由近而遠地盡量觸及與我不同世代、教

育背景、專業訓練、地區分布等臺灣女性，以「為妳煮食」為提問原則的對話中（詳見頁 33 圖表之說明），檢視辯證「女食」的歷史文化面向與當代「個體」「實踐」的疊合與段差。最後，嘗試用更適切、更具彈性的詮釋與分析，活化、承繼我們共有也應認同的「女食」文化。

一起聊「女食」

在 2020 年 7 月至 2022 年 1 月間，我進行了我稱之為「女食聊天計畫」的非正式訪談。為什麼是「聊天」而不是採用質性研究裡的深入訪談方法？因為，我發現我的研究參與者，面對飲食文化「訪談」的反應很是退縮，回應詢問時，總以「不大會」、「只會家常菜」的人占大多數；也可能是因為我在人際網絡中既有的美食廚娘謬讚，給人太大的壓力，一開始的訪談邀約並不順利。我才轉身思考，問我自己：「如果是我，會跟誰談飲食，怎麼談？」、「我的親身經驗為何？」我才赫然發現，其實在市場、在電梯裡的偶遇，和街坊鄰居、網路朋友，隨時隨人都可以聊起飲食來。那是「女食」經驗裡特有的一種隨機 (random) 與閒聊 (gossip) 文化。無須六禮束脩、不用拜師學藝的慷慨分享。原來，輕鬆以對，隨機應變，才是真正能夠將「女食」的多元面向談出來的「訪談」技巧。不僅如此，在這個以半結構式甚或開放式訪談概念為基礎的「聊天」過程中，我會在適當的時機，將先前收集到的文獻資料內容與研究對象分享，

聽聽她們的看法,再積極深入對話,從她們所呈現的多元觀點與意見中,吸收不同的處境立場、權力結構與再構知識。如此,轉起我如竹蜻蜓飛起,變動視角與高度的視野,結合著個人也多樣的想像共同體經驗——從微視互動結構分析到鉅視結構描摹,更帶著爭取整體利益的政治企圖,點描一幅臺灣「女食」文化的新風景。

透過食物的連結,不論擅長或親自煮食與否,每一位生活於臺灣現下時空的女性都是「女食」文化生產與消費的一分子,也是「真正的局內人」。只要願意、有興趣和我聊聊煮食勞務、飲食養身,探討身為「女食社群共同體」之一的生命經驗,談談對於臺灣傳統飲食文化的藥食同源與煮食勞務的實踐現狀,都可以是這個訪談研究的參與者。然為求並呈世代差異與社群內部多樣的光譜展現,訪談對象的立意抽樣是以研究參與者的出生年代的廣泛分布為主要考量。

這個「女食聊天計畫」的研究參與者,主要是透過我個人的社交網絡以及滾雪球的方式邀約而來。研究參與者共 32 人,出生年代分布於 1931 至 1998 年間。其中包括我的師長、學生與朋友共 22 人、願意與我深入討論飲食的點頭之交 3 人,另有透過轉介才認識的長輩、月內產婦與月嫂從業人員共 5 人。另為鋪陳現代營養學與傳統食療的對話,亦有 2 位現任營養師加入。聊天過程大多以面對面進行,但有 4 次因為時間安排困難與 COVID-19 疫情影響,分別採用文字訊息問答 2 次,網路電話與室內電話各 1 次。研究參與者化名及基本資料整理,詳見附錄。

「女食聊天計畫」研究進行初期,曾逐一和 10 位研究參與者

進行對話，過程中很快就發現，研究參與者對於食療與煮食勞動的看／作法，明顯因著出生年代產生差異。為了確認並進一步探究這個發現，我安排了一次團體聊天，1980 年代出生者共 7 人，已婚者 4 人，1 人育有 1 女、1 人尚無子嗣、另 2 人為女同性戀已婚伴侶，其他 3 人未婚。這個多人同時參與的「女食聊天計畫」，體現了「女食」在共享交流知識、技術與經驗的實踐層面——輕鬆、口耳相傳，甚而爭執鬥嘴的訊息交換模式、對家務性別分工的自我期許與他人眼光、傳統食療與現代營養學的交錯。當然，過程中也可發現在飲食文化遺產的「社群共同體」內，就算是出生於同一年代、同一地區（大臺北）也會因原生家庭的族群類別、身分關係而有些許差異。不僅如此，這次的團體聊天更幫助我重新調整聊天計畫，除了繼續邀約不同年代的研究參與者，也開始以同年代兩人一組的方式進行，藉由聆聽、對比他們（之間與不同組別）的對話，來檢視其中異同。此外，對於聊天內容與提問的重點亦有所修訂，從對方食補的認知與使用經驗，也將原生家庭、婚後與公婆家族等的飲食習慣加入討論，並注重族群差異的呈現。在提問方式上，更開放地因人而異、靈活變動，觀察煮食之為「默會知識」在（不同）世代的相傳與變異過程來取得更多資訊。

以關係處境論之，女性一生的身分多會落在為人女、人妻、人媳、人母或祖母等單一或多重社會座標。本研究參與者 10 人未婚，2 人異性戀已婚尚無子嗣，2 人同性戀已婚亦無子女，有 4 人則為祖母，其他 14 人已婚且育有下一代。

　　教育程度方面，由於研究參與者是以我的人際關係開展，在1960年代之後出生者多為大學以及碩博士。1930至1950年代則有小學、師範與護校畢業生等。即使如此，由於研究參與者的父母來自各地各行各業各階層，透過他們的描述不僅可對不同的世代與階級有所瞭解，也可從中發現傳承中的變異現象。例如：1960年代之前出生的研究參與者不論學歷高低或職業，視女性煮食勞動為理所當然，甚至是「女性天職」，一直到成為祖母依然願意為家庭負責煮食；1960年代初期出生的李靜則以略帶驕傲的口吻強調，與她的國、高中同學相比，自己是少見不用做家事、學做菜的女性；而1960年代末期後出生的研究參與者，便說明她們的父母有著以功課成績、追求事業為重的教育觀；1970年代之後出生的已／未婚女性，幾乎沒有將煮食勞動視為「女性天職」的概念，但仍將它歸在「母職要項」內，在實踐的層面上也以家人健康為出發點，而非單純道德規範使然。1980年代至1990年代出生的研究參與者，已將煮食行動視是一種閒暇興趣，甚至是需要特別花時間與金錢來學習的才能和階級品味。

　　此外，我發現若要細究傳承變異，應從母親到女兒的世代改變來觀察。比如1930年代出生的母親雖視煮食勞務為己責天職，卻希望1960年代出生的女兒要以取得學歷與專業能力為主，無須學做菜、幫忙家務。而從1980到1990年代出生的研究參與者口中，可以發現她們的父親（出生於1950年代與1960年代後），不論教育程度高低，願意為家人從事煮食勞務的比例也開始升高。不過，

各年齡層的研究參與者，不論教育程度，或多或少都感受到社會對於女性應會煮食的期許。1970 年代之後出生的研究參與者，若是已婚，不論是職業婦女或是專職家管，不論是否需要負責煮食，對於這樣的性別分工皆不贊同。已婚有子女者，也都不會認為女兒一定要學做菜，順其自然即可。

　　至於族群與地區分布方面，研究參與者出生與成長地的分布包括臺北市、新北市、宜蘭、中彰投、桃竹苗、雲嘉南與高屏等地，更有汶萊華僑與出生浙江者。若細分族群，第一代、第二代與第三代外省、閩、客族群與汶萊之廣東與福州後裔皆有。但我發現，1970 年代後出生的研究參與者，被問及自身與父母的出生地與成長地時，若不詳細追問，她們不會刻意強調族群名稱或省籍，通常是用臺灣地名（如：彰化、高雄）來回應。1940–1960 年代出生的研究參與者，則會主動強調族群屬性以及省籍（如：閩南、客家、陝西）。1930 年代出生的研究參與者亦然，但是用的表達用語和方式有些不同（如：不用閩南而用河洛來強調其語言族群，或用普陀寺來精確說明祖籍浙江舟山）。這個自我認知與地區歸屬的語言使用，可說是呼應了無形文化遺產論述，對於文化內部不斷變動中的族／社群成員之為「想像共同體」的觀察 (Anderson, 2006, p. 6; Howard, 1994, p. 7)。這也說明了臺灣內部對國族的組成「概念」與「界定」方式，已從二次戰後初期強調細部差異，到近年模糊交融多樣的現狀，對於臺灣主體是為多元文化所組成的認同，越年輕越是顯著。

　　這個族群內部的多樣、多元組成和融合，若從飲食文化與實踐

的面向來看，更是如此。例：問及母親或是自己的拿手菜時，研究參與者的答案幾乎都是「家常菜」。續而問之，就會發現不論是菜色名稱、材料、做法與口味都有因著「成長地區」、「個人偏愛」或「為家人喜好」而有的差異。也就是說，在這個臺灣飲食文化的想像共同體當中，大家心裡自有一個「家常菜」的（傳統）名詞，卻沒有哪一（些）道固定材料與做法的菜色可以真的成為「家常菜」的共識。如同此刻，當我再度把人生第一本食譜《培梅家常菜》翻開時，隨著年歲而長了些見識，才稍能辨認出當年傅培梅是如何發揮創意，改良、融合中國各大菜系與臺灣料理，成為臺灣家庭餐桌上每一道非比尋常的「家常菜」。我承繼自母親家族的那一道「肉息仔」、一青妙家叫「蒸豬絞肉的那個」臺菜「瓜仔肉」，原來也早在書中被喚作「鹹蛋蒸肉餅」了（傅培梅、程安琪編，1984，頁42–43）。更如同每一位研究參與者，對於「食療」、「食補」或是「藥補」、「藥膳」等名詞皆有所悉，也對食材的冷熱寒涼有其見解。也就是說，不論對於名詞的定義、自認曾使用與否、如何使用或對其效果的看法如何，相關的概念都在她們所處的臺灣當代社會時空脈絡中存在著，從過去到現在，也牽繫著我們共同的未來。

　　與「法國美食大餐」與「日本和食」一般，在世界無形遺產論述架構下，飲食文化中的菜色、項目與內容定義模糊，界線隨之不斷變動。其中，文化族群之為共同體，卻又有著內部個別差異，藉以產生認同、予以包容。在知識與技術的傳承方面，更以創意為文化能動使之續連流轉於世代間。這不也正是所有研究參與者與我，

一起理解、也一起傳承、實踐著的臺灣「女食」文化——在藥食同源的基礎上，為女性不同身分與生理階段所設計的養生飲食。

「藥」「食」同源

聊天的過程裡，我總是會提問：「妳認為食補、食療是什麼？」等到研究參與者說明告一段落後，我會再問：「那藥補或是藥膳呢？」大多數的研究參與者會回答：「可能是加了中藥材吧？」若此，我就會追問：「那麼，麻油雞是什麼呢？」不論答案是食物或食補，都可以發現大家對於麻油雞屬「熱」，甚至可能會「燥熱」有所聞，接下來才會開始聊起什麼食材會造成燥熱（如米酒、薑），其他又有什麼屬於生冷（如瓜果、白菜）。至於適合吃麻油雞的時節，大多認為是天氣寒冷之際。

從「女食聊天計畫」的研究資料顯示 1930 到 1960 年代出生的研究參與者，對於食補與藥膳的定義多是混用、界線模糊，對「藥」「食」同源不但認可，在煮與食兩方面皆有實踐之外，在以食（物）（治）療病的傳承展現上更是驚人。例如祖籍浙江、生在 1932 年於二戰末期輾轉來台的曾玉綺（化名），[4] 憶起兒時的飲食生活環境與她母親承繼自外婆的醫理：

4　本書所有研究參與者姓名皆為化名。以維其隱私。

我們鄉下根本不用買菜，自己的素菜就很多了！要買菜就是買魚！我們是沿海的地方，以前沒有冰箱，所以漁船抓上來立刻就坐小船到河口，馬上就敲鑼打鼓地報今天有什麼。鹽也是，一買就是一年用的鹽巴。鹽巴放在一個罐子，會有滷汁流下去的，那個滷水拿來作藥。我媽媽懂一點醫學，所以她用滷汁來煎芙蓉花，粉紅色的芙蓉花，採下來後曬乾泡在滷汁裡，大概要泡半年。有時候我們長那個硬塊時，就拿這個敷在上頭。

「消腫嗎？」我問。「對！它就會消腫。」玉綺奶奶回答，還接著說：

有腫塊的時候，還可以用黃豆，拿生的黃豆給他咬，假如他有感覺，也能夠吃出生黃豆的味道，那就是一般的腫塊，很快就能消掉。假如說他沒有這感覺，那就是腫瘤，不好的那種，就要另外一種方式治療。我媽媽懂一點，但她給人看病不收錢的！

玉綺奶奶的母親與外婆都是在家自學識字，回憶裡外婆有幫人治病會帶著的小皮包，後來交給了她母親：「這個皮包就交給妳，看看能用就拿去用吧！」然而戰亂中，玉綺奶奶的母親並沒有把小皮包交給她，來到臺灣後她靠嘴巴味道的記憶做出一道一道的菜，給家人、給一起流離顛沛的學生和同事。她也還記得，冬天時母親會用「紹興酒加紅糖還有黑黑一塊一塊兒的」燉給姐姐們補身子，

所以她們都長得高大。母親那時說她小不能喝，等到她大些了，就用 12 個雞蛋加紅棗，窯燒一晚上給她，跟姐姐們用的不大一樣。

生於 1939 年臺灣屏東萬丹的吳美森，相當強調她是河洛人長在河洛人的村落，不是隔壁村的客家。同時，也對我細細描述，在助產士職業學校畢業後，對於到海軍總醫院工作即是擔任軍職，可能無法放假出營，也怕會像學姊與同學一樣嫁給外省人，受家人責備、被鄉里非議等族群問題的時代背景。美森姨是家中長女，她從國中開始，一早就要洗 8 個人的衣服、做飯，然後再騎 40 分鐘的腳踏車去上學。從母親那兒她也學到四物、麻油雞的食補觀念。她婚後以兼差的方式做助產士，也賣一些接生小孩時需要的藥品。第一胎、第二胎都是她自己坐月子、自己帶孩子的：「每天吃一條虱目魚，也有吃麻油雞，但通常就是虱目魚煮麻油麵線。」聊天的過程中，我向她提及我母親的大姊，也就是我的大阿姨，是台南護校訓練出來的助產士，同樣認為自己是受現代醫學訓練的專業接生助產士，也不排斥使用麻油雞與杜仲茶等方式為產婦在月內調理，我母親產後的月子都是大阿姨幫她做的。

我的外婆早逝，我的母親排行老三，卻是家裡最早結婚、最早產子的。母親跟我提過她生產時就是送到大阿姨服務的屏東醫院，她還說大阿姨當時就曾奚落她：「有那麼痛嗎？」、「是不是愛吃麻油雞所以連生了 4 個孩子？」其實，母親沒有做過麻油雞給我們吃，冬夜的進補多是「阿膠」（就是玉綺奶奶的姐姐們吃的那「黑黑一塊一塊兒的東西」）或是「十全」燉排骨、熬雞。麻油雞對我

的母親而言，應有懷孕生子與產後進補的聯想和刻板印象，甚至是負面的想法。記憶裡，母親的廚房從未飄過麻油香，沒有母愛呵護的她，受外公的影響，也同時因為無暇研究烹飪，遂走「藥」補路線，想當然爾。

與我相同生長於 1960 年代的研究參與者共 7 人（李靜、蕭芸、徐真、黎佩、劉倩、趙欣、孫蓉），除了徐真在成長的過程中，月經來時母親不在身邊，其他人都受過母親燉四物湯的照顧。即使如此，徐真在高中時就聽聞喝雞湯可以幫助病體痊癒，她在成家育有子女後也常用黨蔘、當歸、紅棗燉雞湯幫全家補身子，更成為「一種給孩子的印記」，也曾買罐裝四物飲給女兒。

研究資料也顯示，不論出生於哪個年代，有子嗣的研究參與者全部都在產後、天冷以及身體虛弱的時候曾以麻油雞或其他藥膳進補，只有林美芳（出生於 1970 年有一女）的回答是「想吃就吃，不會想太多」。但她自認「算是相信」食補：

雖然我沒有明顯察覺到它的作用，但還是覺得像現在我女兒年紀差不多需要了，我也會考慮做這些事情，讓她也可以有得吃⋯⋯我們在食物裡攝取某些營養如維他命 C 跟維生素，食補就類似這樣，透過食物讓身體有一些些好轉變或維持健康⋯⋯生化湯算藥，四物因為還有其他中藥在裡面，有很強的目的性，但為了好吃還是會加一些東西。當調配的不錯時湯我也不會這麼排斥，還是覺得它是好吃的，所以它也算食補。但生化湯基本上完全沒有好喝可言。

　　提到藥膳時，美芳因為不吃藥燉排骨，所以沒有看法，但認為當歸鴨屬於食物。她非常注重女兒的營養，會限制甜食的攝取。美芳也有寒、涼、熱的概念且多少會被影響，但自己與女兒都沒有經期不吃冰的限制；她曾因自覺身體燥熱而多吃「涼的東西」，去看了漢醫才明白她體質其實太寒冷，造成循環太慢而排便困難。至於飲食方面的影響，就要真的會造成身體有過敏或是疼痛的不良反應時，她才會忌口。美芳認為，自己吃四物和許多燉補長大，現在也差不多開始要為漸漸長大的女兒準備了。從美芳的例子當中，可以發現兩個重點。首先，她對於燥熱寒涼雖略有所聞，但其實一知半解，甚至頗有誤解，在就醫後才知自己的感覺、判斷與作法是與漢醫的見解完全相反。再者，對於食物的內容以「維他命 C」或「維生素」稱之，明顯有著現代營養學的概念。

　　我也觀察到，比起生於 1960 年代與之前的研究參與者，1970 年代與之後出生的研究參與者，較常提及食材中的「營養成分」，而對於傳統食補項目（如麻油雞、藥燉排骨、四神湯或四物湯）的看法，除了將之歸類為好吃或不好吃的食品之外，也有著毋須深究其理的態度。生於 1972 年的專業營養師黃文君就認為：「如果食物是藥，那是屬於預防醫學的領域。食物不能取代藥，因為有劑量的問題。營養均衡最重要。」對她而言，漢醫漢藥都有好處，但藥燉食材當中的「杜仲、甘草、紅棗、枸杞、黨蔘、人蔘鬚、黃耆都是調味料而已」；然而，生於 1962 年的專業營養師蕭芸就侃侃而談她傳承自母親的廚藝，也提到女性在經期、懷孕、哺乳、更年期

可運用的傳統食療內容，並在聊天後進一步贈與她的相關著作。

　　從蒐集到的資料來看，「藥」「食」觀念的分歧與斷層，非常有可能發生在 1970 年代左右出生的研究參與者身上。在 1980 年代出生的團體聊天參與者，就已經開始將飲食養生、五行生剋等觀念視之為新奇事物 (novelty)。許亮君直言：「應該是我們對於營養已經有不同的觀念了。」問及青春期與四物湯的經驗，詹家珊說：「我媽有煮但我倒掉了。」或是余品貞說：「我和我姐都不喝，後來就給我爸喝了，我媽就不煮了。」亮君則憶起大學時代曾主動去買市售的罐裝木瓜四物飲來喝，「因為我想長胸部，但是沒有成果」，她說。

　　團體聊天參與者的父母親生於 1940–1950 年代，意即這個斷代的臺灣民眾仍會在女兒的發育期準備四物，只是 1980 年代出生的女性會開始主動拒絕或選擇這樣的傳統食補與藥膳了。例如同時參與聊天計畫的李筱喬與沈好雁兩人對四物湯的反應就南轅北轍，生長於雲林的好雁說：「我媽有弄我都不吃，我後來吃都是來妳家這裡吃的。」生長於臺北文山區的筱喬則說：「我媽很習慣去中藥行拿一點補藥，補藥好好喝喔！她就買一隻雞腿然後燉那個好好喝的補湯。」再問好雁：「那妳為什麼來我家才喝？」她立即回答說：「好好喝喔！」事實上，生於 1979 年的李秀晴與我也有相同的對話，她也是到我家，因為好喝才欣然接受四物雞湯。秀晴與亮君相同，曾在大學時代自行購買罐裝四物飲，但她是為了「氣色紅潤」，而且覺得玫瑰四物飲有效。不過，若再追問四物飲的用法，她們都以

一種想不起來或是和團體聊天的參與者一起眾說紛紜，最後的結論是：「就看包裝上的使用說明囉！」

　　也在 1980 年代出生的林嘉慧，認為自己念過傳統藝術研究所，所以會找中醫「調身體」，也會特地去餐廳點各式藥燉雞湯。不過，對於中醫「調身體」需一直換吃不同的藥帖感到厭煩。而聊到應該如何保養自己時，她說：「偏中醫的養生觀念，飲食注意少油少調味。」但卻我注意到嘉慧這個「少油少調味」其實是現代營養學當中控制膽固醇、血脂、血壓與血糖的觀念，而在選擇外食藥燉的時機方面，嘉慧也承認那是在工作繁忙時，會出現的心理補償作用。也就是說，在精神上嘉慧雖然覺得自己有文化資產相關的教育背景、相信藥食同源的飲食文化傳統，但在現實生活與實踐的層次上卻是將「藥」的責任交給醫師，把「食」的部分交給餐廳，反而是將「藥」「食」的分歧徹底展露。

　　飲食文化的傳承需要煮／食的互涉依存，以藥食同源為基礎的「女食」則需要的技術與知識的並立／併力才可延續。聊起天來，才赫然發現劉倩、趙欣、孫蓉和我一樣都在 1968 年出生，也受到 1930 年代出生、學歷較好的母親們照顧。我們都喝過四物湯、吃了豬腦補腦，被諄諄以學業、事業的發展為先。雖是在求學階段接收到傳統賢妻良母的道德規訓，卻因為成績好、學歷高與工作收入豐，從小就不必學習烹飪，婚後更多是無須負責家務的世代。因為母親的疼愛與犧牲，我們相信、也懂得食補藥膳的功能／知識層面，不過，在我們身上大多沒有繼承的卻是「女食」文化當中，母親們為

他人煮食的溫婉心意與烹飪的技術層面。

　　緊接著，1970 年代與之後出生的研究參與者，不但因現代營養學的影響而產生了「藥」「食」分歧的現象，也有以「好不好喝」等適口性考量來削弱食補藥膳所具備的功能性優勢。「不好喝，我就不喝，媽媽也就不煮了」，這正是一個以拒絕消費來終止生產的過程，煮、食／供、需的一體兩面漸漸失去平衡。而在 1980 年代出生的研究參與者身上，更可以發現因「不食（喝）」而產生的飲食文化傳統斷裂，那是繼 1960 年代出生的研究參與者那因「不（會）煮」而導致的「女食」技術失傳後，進一步展現在無形文化遺產知識板塊上的撼搖與流逝。

　　與不同世代的研究參與者聊天過程中，亦可觀察到藥食同源和「女食」文化（包含知識與技術層面）重疊交織的起源，非常可能是因為物資與醫療的匱乏，負責家務的女性必須利用四周自然環境中，容易取得的材料來解決疾病與飢餓。一代一代母親的累積、街坊口耳相傳的驗方祕法，就成了玉綺奶奶她外婆與母親的那個「小皮包」。讓我們理解到廚房即藥局的邏輯，來自於醫肚與醫病的同理。[5] 當經濟環境好轉、就醫方便，這個邏輯就會受到挑戰、失去實用的存在與必要，就如同 1970 年代之後出生的研究參與人所成長的時空，在現代醫藥與營養學的發展下，食「療」比起藥物來說，當然緩不濟急。加上現代社會在性別分工概念上的轉變，不但傳統

5　「醫肚」為粵語，祭五臟廟之意，飢餓則五臟不寧。

「女食」文化中的知識與技術漸趨渺茫，女性也不會是理所當然的繼承人。比如 1960 年代出生的研究參與者，也許保有藥食同源的知識卻無烹飪技術；又如臺灣經濟起飛、社會結構改變，雙薪家庭中的男性與當代的多元家庭中的成員，漸漸開始分擔、甚至專責煮食勞務。可見，地理環境、經濟因素、時代背景對於文化傳承的影響巨大，對臺灣「女食」文化的世代變遷亦是如此。

不過，面對傳統「女食」文化在現代社會中的漸漸褪色，當然也會出現保存與推廣的力量。如同「臺灣ㄟ古早味」一般，「女食」中那即將消失的「藥食同源」、「五行生剋」還是具備一種魅力與新奇，對簡婉玲與何佳琪兩位，生於 1980 年代的月嫂與月內產婦而言更是如此。[6] 她們重新把食材冷熱、相生剋、藥膳與按摩等「古法」從月子中心「移回」家中。相較於其他在月子中心度過產婦階段的研究參與者，或可說是一種臺灣當代對特定風俗慣習尚未成熟的「復刻」。因為，問及食補時，產婦佳琪回答：

> 除了中藥就是吃⋯⋯好的東西吧！就是吃比較⋯⋯像是我阿嬤她有自己在種菜，我們就會很少外食，可能就會吃的蛋白質比較均衡，然後鈣質、肉類都有這樣子⋯⋯。

---

6 聘請「月嫂」是臺灣近年興起的做月內方式，是一種依產婦與新生兒各種需求，客製化的到府服務專業人員。

關於這樣偏向現代營養學的說法，應如何運用到五行運作，在聊天過程中，一旁的月嫂婉玲則回應：

也是可以啊！就等於説像是蔬果它有不同的顏色，套用中醫的五行的話它也是可以……五行的話就是肝心脾肺腎，它就是木火土金水。然後木火土金水它的顏色，就比如説肝是綠色，那我們就給他吃綠色的食物，然後心臟它可能是吃紅色，所以拿紅色的食物。所以五行它有五個顏色，必要就是拿我們市面上那些蔬菜水果給他去補這一塊。這就是食療那種。等於就是如果不靠中藥材的話，用蔬果類去補也是可以的，穀肉果蔬！

那麼，為何說「月嫂」是一種做月內風俗慣習，在當代尚未成熟的「復刻」？那是因為「月嫂」的知識與技術並非來自母系或是透過自我生／養育子女經驗，而是參加密集訓練課程、閱讀書籍與蒐集網路資料，迅速且片面習得。不僅如此，這個「復刻」的障礙就在於，如經驗尚淺的婉玲一般，對於五行運作與現代營養學成分該如何轉譯、跨越仍有些困難。雖然，「月嫂」的專業責任不會只有產婦飲食的準備，同時具備保姆的知識技能也十分重要。但就月內飲食來說，對照生於 1962 年出生也是未婚的蕭芸，不但具備母系傳承的廚藝與現代專業營養學知識，對融合五行觀念抱持正面看法，對於蔬菜營養成分、種類與色彩搭配頗有見解，也和我交換許多實際運用的意見。由此觀之，若能將傳統飲食文化進行當代轉譯、

加以推廣，這個臺灣做月內風俗慣習的成熟「復刻」，應是指日可待，也為「藥」「食」觀念再度的融合與轉向，埋下精彩的伏筆。

透過資料分析，可以觀察到，藥食同源系統中的知識與技術方面，在不同世代確有其變動。經交叉比對研究參與者的出生年代與聊天內容後，簡要整理如圖下表：

出生年代	藥食同源觀的差異現象
1930	有知識有技術
1950	有知識有技術
1960	有知識無技術運用
1970	分歧：無知識無技術
1980 ~ 1990	視之為新奇；藥、食分離的生活實踐
	轉向：不成熟的復刻；活化伏筆

■ **藥食同源觀念的世代差異** (資料來源：作者)

藥食同源是由一代一代的母親們所執行的傳統「女食」文化精髓，在醫藥、營養學不斷進步後，雖然發生了「藥」「食」分歧、知識與技術斷層的現象，但仍可隨之修正進而轉向活化、重新融合。勿以古賤今地「固」化傳統，亦無須以今非古地棄而不用。從「女食聊天計畫」的資料中可以驗證，「藥食同源」的傳統乃是一種因地、因時、因人的風俗與生活實踐，更可以發現，適切地融入、轉譯現代營養學與醫藥觀念，更能精準地將「女食」中故有的知識與

技術活化，避免以訛傳訛、重複誤用導致誤解，才能再度讓我們所
承繼的生活智慧發熱、發光。

坐月子的禁忌、傳統與多元選擇

　　1960 年後出生、育有子女的研究參與者，除了徐真由嫂嫂照
顧、陳敏莉由媽媽照顧之外，產後都曾在月子中心休養。生於 1930
年代的曾玉綺、吳美森都是自己坐月子自己帶孩子，生於 1958 年
的蔡碧純亦然。廚藝高超、菜色多樣的碧純更是依照舊俗，以婆婆
的身分分別幫 2 個媳婦做過 3 次月子。請月嫂的何佳琪的第一胎也
是先在月子中心度過前半個月，第二胎才聘請簡婉玲來家裡當全天
候的月嫂，佳琪回憶道：

　　我第一胎因為想說前半個月怕小孩還是有一些小問題，就待在
月子中心，因為他們有一些專業的醫生或是什麼會去巡診。所以就
想說住半個月，下半個月回家。因為他終究還是要回家適應的，所
以就回家。請沒有一整天……她大概來 8 個小時，讓我喘口氣這樣
子，大部分還是自己顧這樣。

　　整體來說，不論哪個年代出生的研究參與者，都將坐月子視為
女性產後休養生息、營養補充的重要階段。根據黃季平 (2006) 的研
究，臺灣各地區的月子中心隨 1980 年代經濟起飛漸而林立，這和

我所蒐集到的資料吻合。因為 1960 年代後出生的研究參與者，生養子女時正是 1990 年之後。對她們而言，月子中心的選項與考量也越來越多樣。當然，從黃季平所整理的資料中也可看出，從一開始月子中心就集中在臺北、臺中、高雄等都會區（頁 164–167）。至於如何選擇月子中心、對於飲食、行為禁忌的看法，從研究參與者的回答中，也可觀察到世代差異。

在人類學角度觀察臺灣社會坐月子的文獻研究中可發現，以傳統習俗上來說，婆婆應負責幫媳婦坐月子（翁玲玲，1993，頁12；黃季平，2006，頁 161）。於是，我在設計「女食聊天計畫」中的「坐月子」話題時，即加入婆家是否對選擇月子中心有意見的討論。然而，在真正的聊天過程中，所有到月子中心去休養的研究參與者，反應都非常自然：「不用問啊！」、「我自己選就好！」反覆推敲，這個現象應該是與時代環境、社會氛圍、學歷與經濟能力相關。呼應了相關研究，在亞洲地區家庭結構中，婆家或是長輩分擔家務的意願、對媳婦、女兒意見的尊重與工作聲望、收入成正比（林昱瑄，2019，頁 156–157）。整體來說，顧慮左鄰右舍、親戚朋友對於「婆婆沒有幫媳婦坐月子」的看法，幾乎對我的研究參與者來說毫無影響。

問及選擇月子中心時的主要考量，卻出現世代差異。對於 1960 年代出生的研究參與者來說，方便家人探視的「地點」最為重要。趙欣就以距離先生工作地點近為考量，孫蓉則是以長輩方便探視來思考。1970 年代出生的研究參與者，則以核心家庭沒有長輩可以幫

忙來說明，選擇月子中心的過程討論對象也以先生為主，目的也只是希望能夠在產後好好休息。「尤其是晚上餵完奶，小孩就可以送回嬰兒室。媽媽可以選擇讓護理師瓶餵。」胡麗芬如此解釋。此外，在坐月子時，母親為她送來的麻油雞或是花生豬腳、枸杞蝦等催乳補品，都是麗芬念念不忘的好味道。對於同樣是 1970 年代出生、成長於汶萊的廣東後裔張柔婷來說，可以在月子中心吃到「補品」似乎也是重點：

> 每個禮拜不一樣，他們的說法是有搭配膳食跟中醫的概念，比如第一週比較不能吃什麼，所以他們在飲食上會做一些調整，第二個禮拜之後可能哪方面就會再補強……他送什麼來我就吃，只要好吃我就可以。

柔婷強調，廣東人對「進補」相當重視且習以為常，對她而言，「麻油雞就是藥膳」。不過，在她的回應中也開始看到對於美味與適口性的重視。

生於 1980 年代的研究參與者選擇月子中心時的首要考量也是「好吃的月子餐」，而且入住前都有先試吃。她們講求「補」也講求「好吃」，甚至要講究擺盤「好看」。大家也都發現了，月子中心「補」的方式隨著現代營養學的觀念而改變著。李筱喬直言：

> 我覺得坐月子時他給我的餐點很顛覆我的想像，一樣是正常的

三餐，但是東西都很清淡⋯⋯很多樣性、很清淡，但他就是三餐每一餐都會給妳不同的湯藥。

此時一同聊天的沈妤雁則說：「我不是，我們一天是六餐，包含甜點⋯⋯然後，有一種補腰的杜仲茶。」筱喬補充道：「我那時候無限暢飲的還有那個黑豆水。」

生於 1984 年育有一女的王懿琳，對於月子中心的考量是複選的，先提到地點交通方便，然後說月子餐要「好吃」，也分享手機裡的相片檔案，試著說明擺盤對於產後可能憂鬱的婦女有多麼重大的幫助。最後，她非常認真、肯定地說：「我覺得月子中心旁邊一定要有 shopping mall（購物中心）之類的讓我去逛，不然坐月子坐到最後好無聊。」

至於傳統的月內飲食與禁忌，從「女食聊天計畫」的資料中也可看出族群差異與世代變遷。生於 1939 年的吳美森，因著助產士學校的同學交流、自身的專業與經驗，提到不同族群的產後與發奶飲食，她如此說明：

無奶？就自然讓它刺激 12 小時，不然就多吃一些養分，它就會出來，有時雞湯或魚湯，大家都吃魚湯啦！內地人有時生出來後會煮 2 顆蛋，朋友親人來看都帶各式各樣的蛋來，算是填腹（台語發音：teh pak）。比如她們會拿紅糟去泡、去煮蛋，因為有酒氣。至於杜仲，不是大家都會用，我從媽媽那兒聽過用這個來補筋骨。

　　根據學者的田野調查與文獻探討，這個「填腹」或稱「磧腹」的月內飲食習俗，是傳統「月內」過程中的第一階段，[7]內容不論是麻油煎蛋、麻油雞、紅糖小米粥或是紅糖桂圓紅棗蓮子湯，主要都是為了填補胎產後腹內會有的空虛感。用雞蛋除了是補充營養，也象徵祈求下一胎如雞生蛋順利，有時也會用豬肝湯、雞蛋湯，更有在產後第三天（俗稱「三朝」）讓產婦獨享一整隻「磧腹雞」，同樣具備了滋養母體、準備再生育的意涵（翁玲玲，1993，頁5；黃季平，2006，頁154）。這個人類學與民俗研究的結論，也與以傳統漢醫藥為基礎為女性設計月子餐的莊淑旂醫師有相似之處，只是她用的「填腹」補品是生化湯（莊淑旂，2005，頁137–139）。不過，隨著經濟環境的好轉與現代營養學觀念的發展，傳統上以雞蛋、雞、大量的肉類蛋白質或是生化湯來「填腹」的習俗或看法，不論是從「女食聊天計畫」的資料或是學者所整理的「現代坐月子觀點」來說，在月子中心的經營體系裡幾乎已經消失（黃季平，2006，頁168）。現今的產婦，與其說是顧慮分娩後腹內的空虛感，不如說更計較腹部肌肉的鬆垮。除了照顧自身健康與順利哺乳之外，迅速恢復體態輕盈，成為另一個產婦們在月內就開始計畫的要項。讓骨盆腔器官歸位、下腹部肌肉復健的緩和運動，反而取代了食／藥物「填腹」，成為坐月子第一個階段的重心。

　　儘管如此，對於臺灣女性來說，月內飲食仍然非常重要。不論

7　坐月子的過程主要包括「磧腹」、「三朝」、「報喜」、「送庚」、「滿月」等階段。

產後是不是在月子中心度過，就算月子中心有準備，大部分的研究
參與者都曾食用過母親或是其他女性親友另外準備的「補品」。由
嫂嫂幫忙坐月子的徐真就說：「客家人坐月子，麻油豬腰、麻油雞
酒。」麗芬則說：「我住月子中心，但我媽還是會煮麻油雞湯和補品。
媽媽煮的麻油雞和麵線最好吃了。」雖然也是住在月子中心，回憶
起母親北上來幫她坐月子的趙欣說：

> 　　我媽媽一直說要吃什麼酒釀，然後弄了我也不吃，因為小時候
> 沒有在吃這些東西，也就不太能夠接受……我印象比較深的還有杜
> 仲，因為很難吃，她就每天把杜仲煮成黑黑的，就很苦，又用別的
> 什麼料放進湯汁去，我又不吃，我就說可不可以不要煮。其他就是
> 豬腰，那是我唯一覺得好吃的。

■　酒釀湯圓

　　一旁同年出生，育有一子的孫蓉回應：「坐月子是在月子中心，我有去我媽媽家住一段時間，我媽媽也是會煮麻油雞之類的啦！」而且，趙欣與孫蓉她們都對月子中心的食物「沒味道」、「不好吃」頗有怨言，孫蓉甚至常常吃完甜點，就把餐食退回。由此可以看出來，早期月子中心在餐食的準備，仍然遵循了傳統月內飲食應清淡、不加鹽的禁忌，但卻導致產婦偏食或沒有胃口。或許，這也就能解釋為何 1980 年代出生的研究參與者，在挑選月子中心時，會要以「東西好吃」為考量了。

　　除了月子中心，同樣興起於 1980 年代的還有「月子餐」宅配服務。畢竟，不是所有的家庭都負擔得起入住月子中心或是專聘月嫂的費用。在家中坐月子、訂「月子餐」宅配到府，對於許多產婦來說也是另一個選項。2020 年末，《親子天下》就刊登了雙北地區 9 家月子餐試吃評比文章。事實上，兼顧傳統藥膳調理與現代營養均衡，菜色多樣又好吃，已經是最基本的條件了。有許多月子餐廠商，更標榜了食材有機新鮮、燉煮藥材的陶罐無毒等，甚至是吃了有營養又可減重等的考量。

　　另外，對於月內禁忌的看法，似乎也有隨著時代演進與出生年代有著差異。出生於 1970 年代的張柔婷與陳敏莉在同一個工作單位，曾彼此分享坐月子的經驗。敏莉認為自己「非常鐵齒」、不信邪，所以生第一胎時並沒有按照傳統月內的「不碰生水」禁忌：

我只維持了三天，出院回家就受不了了，可是真的有差耶！第

二年的秋天，第一道風颳起來的時候，我的頭痛到快要裂開了。我
這輩子頭沒有痛過，結果知道了什麼叫頭痛欲裂……第二胎我就很
乖，堅持了兩個禮拜才去洗頭，就沒有痛得這麼誇張了。

柔婷則是因為敏莉產後不顧禁忌而頭痛的經驗分享，整整維持
了 30 天沒有洗手、洗頭，只有沖澡。不過，她覺得只有前兩胎有用，
「第三胎就沒有效了」，她說。

事實上，對於在月子中心度過月內時光的產婦們，冷暖空調、
充足光線早就是必備的硬體環境。只要不直接吹到風，做好保暖，
就能預防感冒以及所謂的「月內風」，這是現代醫學的看法，但是
否真的如此，顯然因人而異。不過，許多舊時因設施不夠完善，而
產生的一些傳統月內空間與行動禁忌，的確也因此而失去必要性。
此外，現代醫學也認為，產後經常下床，會強化腹肌、幫助子宮復
原、惡露排出、防止便祕，更能增進食慾提振精神。難怪生於 1980
年代的王懿琳會認為，月子中心旁邊要有購物商場可以逛了。

研究參與者中美芳及好雁是剖腹生產的，她們的坐月子經驗正
好提供了一個現代醫藥營養學與傳統食補的演變與對話。由於麻油
雞中常有酒料，甚至是所謂的「全酒」烹飪，此自臺灣民俗稱麻油
雞為「雞酒」或可見之。烹煮過程無水料理僅添米酒謂之「活血」，
更常被視為「正統」做法。若根據月內「不碰生水」的傳統禁忌，
為產婦準備的麻油雞當然不可加水，傳統漢醫的見解亦然（莊淑旂，
2005，頁 146-147）。然而，對剖腹產的美芳與好雁來說，酒反而

成為對傷口有不良影響的禁忌。

　　古時並無剖腹產的醫案，更無客觀條件可對於酒的副作用進行大規模的動物、人體試驗，這加酒不加水的「雞酒」做法，恐怕只是「生水」禁忌與酒類活血的概念延伸，並無實質效果的根據，不應盲目從之。我常聽用酒料理菜色的人說：「酒燒開了就沒有酒的成分，不用擔心。」若是如此，酒類活血的效果不也就消失？事實上，麻油雞（酒）並不適合剛生產完的婦女食用，更不適合剖腹產者，因其易導致傷口發炎、癒合困難。再加上現代人的飲食習慣與內容早已不同，月內使用麻油雞（酒）遵醫囑適時適量，更應配合其他多樣的食材，避免造成身體負擔。

　　從蒐集到的資料看來，坐月子對臺灣民眾而言，不論是在娘家、婆家或是月子中心進行，不論是以風俗慣習或是營養醫學來看，一直被認為是產後婦女重要之休養身體與恢復精神的過程。但藉由研究參與者選擇月子中心的考量，以及月子中心的經驗分享，卻可看出這一個重要的「女食」文化傳承──坐月子的飲食與禁忌的世代異同演變。生於 1930 年代至 1950 年代，辛苦成長於物資匱乏環境中的長輩們，分享了就算是自己坐月子、帶孩子，仍是要發揮創意、運用手邊資源，盡量讓身心獲得休養與調理。「麻油含亞麻油酸、EPA，對腦神經與眼睛都是很好的營養補充。」專業營養師蕭芸如是說。「沒有雞可以吃，就吃麻油魚、就吃麻油煮菜。」美森姨泰然自處。這些從艱難時空走過來的長輩們，不反倒給了這營養過剩的當代一些啟示、均衡的可行作法？

不僅如此，她們在女兒、媳婦生產後，不論是否有月子中心的照顧，仍透過朋友、鄰居和中藥房的口耳相傳，繼續學習坐月子的「補品」，悉心付出、照顧晚輩。生於 1960 年代之後出生的研究參與者，則是分享了顧及親族探視方便、要求月子餐美味或是可以外出購物散心等，選擇月子中心時不同考量的重點，揭示了月子中心從民俗到產業化的過程，更是臺灣在地無形文化遺產之資產化的可能展望——結合醫學、產護與度假休養、休閒的多元模式，簡要說明如下表：

出生年代	坐月子（中心）選擇要點
1930	自己坐月子；幫女兒坐月子
1950	自己坐月子；幫媳婦坐月子
1960	方便長輩探視的地點
1970	產後休息、食補
1980	餐點美味、方便購物散心
1990	月嫂、月子餐等的多元商業產品出現

■ **坐月子方式的世代選擇**（資料來源：作者）

在身體活動與飲食禁忌方面，更有著因人而異的現象。從資料中可以發現，在坐月子過程中所牽涉的人、事、物、地等概念都沒有跟學歷或是職業而產生比較傳統或比較現代的明顯因果。禁忌的觀念與說法仍然存在，有經驗、有體會才會流傳，即使僅有部分流

傳。也就是說，臺灣「女食」文化中的坐月子傳統，仍以多元的方式被選擇、被實踐，以充滿動態的方式被保存。

不只為妳而煮，也為了妳而吃

「女食聊天計畫」執行的過程中，除了談「煮」，有幾位研究參與者也主動聊起「吃」。因為，她們都在懷孕期規定或勉強自己為胎兒吃了一些東西。例如黎佩在得知懷孕後就每天請住家附近餐廳煮一條魚給她吃，因為從她自己所蒐集的資料顯示，魚類的養分對胎兒有很大的幫助。除外，她也分享了音樂與情緒管理的胎教經驗。孩子出生後，不僅鮮少哭鬧更是天資聰穎。不喜歡吞藥、厭惡牛肉的麗芬，也在懷孕時吃葉酸、魚油和牛肉。非常強調均衡飲食即可，無需額外補充營養品或是進補的專業營養師黃文君，仍然為了孕期貧血，而服用了富含鐵質的產品。這三位研究參與者的分享，除了驗證先前章節中對於「安胎飲」的批判與滋養三陰（肝、脾、腎）的女性飲食規劃，也多少透露出女性在婚後，尤其是為人母者，時常有記得照顧別人卻忽略自己的現象。年長者，更是如此。

對於 1930 年代出生的研究參與者來說，煮食是女性天職亦為母職要項，不但回應了傳統女德制約，也與學者對民國初期婦女的家庭煮食勞動研究近似（吳燕秋，2018）。然而，在「女食聊天計畫」的過程中卻意外地發現，就算聊天的主題是以「為妳煮食」來設計，希望研究參與者以家族內部的女性作為煮食動作的收受單位

來討論，這個收受單位竟不若想像中單純。

例如戰亂中來到臺灣的玉綺奶奶，師範學校畢業後分發至基隆和平島的小學任教，她描述當年的情形：

> 我就是這樣，沒有人做我就來做！……[學生]從山東逃難來都沒有讀書，來到這裡每個人都要入學，所以他們十四、五歲了才來讀一年級。學生都跟我一樣，我晾衣服時他們會幫我收起來，晚上要跟我一起在宿舍睡，幫我縫釦子跟棉被，學生跟家人一樣……以前很辛苦，學校也沒有錢，我就買些便宜的酸菜、鹹菜，買一塊錢牛肉跟五毛錢酸菜，把酸菜洗一洗，就覺得好像有醃過的味道，擰得很乾再剁碎，放一點蔥花跟辣椒炒一炒，最後跟牛肉在一起炒一炒，就很下飯。

玉綺奶奶也說，沒有在母親身邊看過、學過菜，就是憑著「味道」的記憶，把許多的菜煮出來。玉綺奶奶婚後每週三為先生從部隊帶回來的朋友做菜，當然也會在週末為自己的同事弄一桌菜。住在眷村的時日，也總與其他太太們看著學菜。這些點滴，都好似《崔氏食經》中所記錄的片段，只不過她們不是以士族大家的身分，在戰亂中集體遷徙，而是形單影隻的離鄉背井，在異鄉互助共存。在玉綺奶奶的描述裡，少了《崔氏食經》的「諸母諸姑」同炊，卻有著更令人感動的慷慨分享與共食展現。彷彿是《崔氏食經》的現代演繹，從失散到擴緣、同理的思維。那「諸母諸姑」是分享各省家

常菜作法的眷村媽媽們，因原生家庭失散，所以「蘊習酒食」為的不是養「舅姑」，而是為了與在異地成為「家人」的朋友們分享、相聚。我彷彿見到，不同的族群，就在玉綺奶奶的那一桌菜上融合。如同美森姨一般，玉綺奶奶沒有要求女兒們或孫女要會做菜，她高齡 90 仍每天早上為罹癌的女兒準備精力湯，十多年來從不間斷。雖然，為「妳」煮食的主題設定，在與玉綺奶奶的聊天過程中不斷溢出「妳」的範疇之外，卻也讓我體會，為他人煮食勞務的溫婉，相聚分享與共食的喜悅，可以凝聚的向心力。

美森姨與我母親的出生年相隔一年，她和趙欣是母女。美森姨婚後應丈夫要求，也為了照顧孩子而辭去護理師與助產士的工作，因此經濟不自主，甚至覺得對不起栽培自己讀書的父親。問到工作與煮食勞務的關聯，她說：「工作不工作都會煮，有沒有工作跟收入有關，沒有工作都是先生的錢我不喜歡，所以我說女孩子以後一定要自己會賺錢！」聊到這裡，當時的我心中其實非常激動，這不就是我的母親對我的教誨與叮嚀嗎？美森姨在趙欣產後就北上幫忙做月子帶孩子，後來也就留下來同住並幫忙家務。問她都做什麼菜，她毫不遲疑地回答：「女婿和孫子們喜歡的啊！」再一次，我又發現了在女性煮食勞務中，收受詞的多重性。高齡的母親或婆婆為「妳」以及「妳的家庭」煮食，不也正在臺灣的現代社會中發生？如陳玉箴 (2016) 指出，從年輕開始即為家人備餐的老一輩，一直將煮食視為自己的責任，是臺灣 1980 年後「忠實的烹飪者」主力族群，通常也是沒有獨立經濟能力的女性（頁 84，97）。

　　出生於 1950 年代的家庭主婦蔡碧純也是如此，雖然她表示不論男女有機會都該訓練做菜，但她不要求兒女學做菜，因為「他們上班很辛苦」。全家上下的家務一肩扛，也曾幫兩個媳婦坐月子，麻油雞、當歸枸杞、杜仲茶，無一不備。近年，大兒子離婚後帶回孫兒女同住，加上年邁的母親需要照顧，先生也罹癌，她一人便負起照顧全家四代人的責任。聊天的過程中，除了佩服也感嘆、也唏噓。

> 我：覺得辛苦，那會覺得委屈嗎？
>
> 蔡碧純：會呀！也會生氣，但要自己出去，自己去放鬆。一直煮，可是體力也有差了啊！
>
> 我：現在幾歲呢？
>
> 蔡碧純：我現在 63……所以一直說要讓自己不能怎樣，要吃飽要顧好，我自己也要顧好。
>
> 我：妳都怎麼顧自己呢？
>
> 蔡碧純：有吃飽，有時間休息就休息。我也去學校做義工，已經二十幾年了。
>
> 我：所以妳是跟外界有交流、交朋友的。
>
> 蔡碧純：我有去學校做導護，因為小朋友要過馬路，我要吹哨子讓他們過去。去保健室，小孩子摔倒破皮，來護士那邊擦藥，我都有學習。
>
> 我：出去是成就感還是放鬆呢？

蔡碧純：出去認識人看看別人在做什麼才不會把外面的東西都
　　　　忘了。增加一點知識……我先生都很早出門工作，很
　　　　晚才回來。

我：他還沒有退休，所以你就要自己想出口，生活的空間？

蔡碧純：我就很快樂地上去當義工，然後買菜回來在家裡。

我：喔，你的心情、情緒的控制真的很棒。那你的月經媽媽沒
　　有幫你注意，月內是你自己做，那麼你五十多歲時的更年
　　期會不舒服嗎？

蔡碧純：我都不會，可是我很早就沒有月經了……38 歲。

　　與碧純聊過後，我一直在想，像她這樣覺得外出工作的先生、子女比她辛苦的婦女在臺灣不知有多少？或者說，臺灣有多少人會珍惜家中有位全天候、不支薪的勞動人口？

　　單就煮食勞務來說，牽涉到對家人喜好、營養需求的理解與採購的經濟概念。緊接著，烹煮調味等技術則是味嗅覺培養、知識、經驗的多年累積，更不用說那多數人視為畏途的餐後整理。根據碧純的說法，每天近 5、6 點鐘的傍晚就有「老的要先吃」；接下來就是國小、高中下課的孫兒們，在不同的時間放學或補習之後回來；若是子女加班，他們會更晚吃。也就是說，現代社會的核心家庭，全家一起擺盤、吃飯、一起收拾碗筷的畫面，對她而言恐怕只是美好的想像，或者從未想過。四代同堂在現代社會中，讓留在家中的婦女沒有共炊共食、共同分擔家務的對象，只能咬牙自強。細想，

像碧純這樣的「家庭主婦」，若以職業類別或專長項目來說，至少需要分別聘請雇用室內外清潔公司、洗衣店、月嫂、保姆、長照看護、會計、餐廳等人員，才能將她所負責的工作完成。她的能耐與價值無法估計，但她的辛苦程度絕對高過於一般受薪上班族，但她既不自知，恐亦無人珍視。

相較於曾受過助產護理專業訓練，也知道自己在就業市場價值高過於先生，在孩子上大學後迅速重回職場的美森姨，對於婚後需要放棄事業在家照顧孩子、經濟不自主，她認為：「女人就是比較吃虧。」也許這就是為什麼，她和我母親一樣，要求女兒們努力用功讀書、一定要有經濟能力。美森姨也在女兒生產後北上照顧，讓身為醫師的女兒在職場上發揮，毫無後顧之憂。

從碧純與美森姨這兩位成長於戰後、臺灣南部的長輩身上可以發現，她們的確意識也感受到，家庭和社會對「家庭主婦」這樣無實際收入的女性有著特定的看法甚至歧視。所以，不論是重新回到職場，或者到小學做義工，讓自己有離開家庭空間的時間，獲得社會、世俗認可的「價值」，便成為自我實踐的重要方式。

以世界無形文化遺產論述的族群定義來說，每一個「女食聊天計畫」的研究參與者，都是臺灣「女食」文化的一分子 (Alba, 1990, p. 75; Denzin, 1994; Lu & Fine, 1995, p. 535)。而從多元文化推廣教育的立場看去，她們也都是為自己說故事的「真正局內人」(Narayan, 1997, p. 277)，更是她們所處時代的「女權／拳主義／運動者」（琦君，1984，頁 34）。

玉綺奶奶、碧純可說是以「特使」的身分，驕傲地說自己的菜色好吃，分享食譜、技巧祕訣予我，美森姨、碧純也以「映照者」的身分指陳家庭內部與社會框架下的性別不平等，也讓家務有給職的議題浮出檯面。玉綺奶奶更從女性個人的立場，敘述平民百姓如何在戰亂顛沛後，用記憶中的「味道」，重新在異地以煮食、以共食來互助彼此，繼而書寫落地生根的移民故事。那是一個與男性書寫研究的（《崔氏食經》）飲食文化「大」歷史對照的「小」歷史，不但具備著顛覆、翻轉的能量，也充滿了歷史覆寫與知識重構的可能。[8] 意即，她們以「活傳統」的方式實踐、包容在族群內部的多元飲食文化，不斷重新界定／弭除「族群界線」，也藉著不同的角色扮演，在盡可能迴旋的維度裡，實現自我也成就了「他人」，尤其是下一代的女性們。

廚房的那盞燈：如果是爸爸煮飯……

> 我：父親負責煮食，對妳的意義是？
>
> 羅馨棻：感動。剛上大學要離開家的時候，因為從房間剛好可以看見廚房的燈。可能也捨不得，所以那天很早起，看著廚房的燈，眼淚就流下來了。從小到大，每天早上就是看著這個燈，燈亮的時候就是有那種很安心的

8　針對《崔氏食經》的文本語言脈絡分析與相關考據批判，請參照本書第二章。

感覺，但現在要離開家了就覺得很不捨，很感動的感覺。我還跟自己講說，我一定要永遠記得那一幕。而且也會覺得爸爸真的很辛苦。

馨荣對我說明，她的父親排行老五，從小與排行老六的妹妹一起負責整個家族的餐食。馨荣的母親家雖然是海產店，但母親負責外場，所以「手藝沒有爸爸好」，加上在她幼稚園時，母親脊椎受傷，近年又因子宮問題開刀，所以家事都由父親來做。不過，因為母親身體較虛弱，會盡量少吃「太寒」的食物，也學會如何避免藥物的交互作用，比如「吃中藥的人不吃空心菜和葡萄柚」。她認為食補是每天、每道菜都在發生的：

妳去餐廳就知道，東方菜的搭配都很講究。我覺得古人配菜是很有道理的，絲瓜、蛤蜊（寒），就要配薑（熱）。習以為常、很普通的東西，如果你知道那個原理，真的就會發現那是大智慧。如果知道怎麼搭配，就不會亂吃，對身體還是很有幫助的。

因為覺得爸爸辛苦，所以馨荣從小就跟在父親身邊幫忙，喜歡在廚房、也喜歡做菜，比姊姊還早會做菜，做菜的基本步驟就是這樣學會的。但其他的甜點或是菜色，就會從觀察餐廳料理，或是網路上看看有什麼訣竅可以學。失敗、改正再嘗試，是她精進廚藝的方式。她也與我一樣，覺得光看食譜是沒有辦法學會一道菜的，必

需要不斷練習才能成功。

問及她父親的拿手菜，她細數起來：

煎虱目魚肚，我一個人可以吃兩條。煎豆腐，爸爸很講究，一定要表面金黃。如果破了他自己會比我更難過。炒小卷，就是清炒，新鮮小卷加蔥蒜。還有番茄炒蛋，我以前不喜歡吃番茄，所以爸爸把番茄剁碎然後加蛋下去，就是想辦法讓我們吃。茄子燉肉，也不是完全不吃，但我就是不喜歡茄子和番茄，然後爸爸就會想盡各種辦法讓我吃下去。用「肉息仔」，就是用肉燥的方式把茄子燉爛。紅燒荷包蛋，先煎再紅燒。

由於我和馨菜都在大高雄地區出生、成長，對這些菜色都非常熟悉。尤其是煎虱目魚肚和煎豆腐，也是我母親常為我準備的餐食。而當她用「肉息仔」來稱呼肉燥時，更讓我感到無比親切。馨菜還強調，她父親非常注重營養均衡，不是吃飽就好。每天都會換菜色，絕不會同樣的菜吃一整個禮拜。她們姊妹也常會陪著買菜，「或是媽媽身體好些就由媽媽去，

因為爸爸會加班。」

聊天的過程中，我不禁回憶起母親曾為了讓我和哥哥們願意吃苦瓜，費心將苦瓜挖空切段塞絞肉蒸煮，仍是不受青睞的過往。我從沒有想過，煎虱目魚肚和煎豆腐其實也是母親常端上桌的「拿手菜」。甚至，母親那沾染了油煙味的髮梢，曾經是她接送我上下學時，坐在摩托車後座的我，不知好歹的抗議主題。我這才明白，除了家傳的「肉息仔」，母親還有好多好多「拿手菜」，只是我習以為常，只是我將母親每日的辛勞付出視為理所當然了。「虱目魚肚應該是我們下港人共同的鄉愁吧」！那天，我們有著這樣的結論。

在那次聊天的過程中，我們雖各自有著不同的情緒，卻也都泫然欲泣。馨棻深深覺得父親真的付出好多，充滿感謝；我則因為由媽媽單親扶養長大，沒有體驗過這樣的父愛，感傷不已。在統整資料時，我更發現像馨棻這樣聊起「拿手菜」話題時，如數家珍、侃侃而談的並不多見。大多數的研究參與者都會說自己只會「家常菜」或是母親做的都是「家常菜」，不會立即出現特定的菜色，或說那是「拿手菜」。如果追問，「最喜歡、最有印象或是最希望學起來的是哪一道菜呢？」答案是「應該是滷肉吧？」的占比最高。

細想，馨棻父親的拿手菜，從食材內容到作法，看起來都沒有所謂的大菜或是功夫菜，幾乎全是臺灣一般家庭廚房中、餐桌上常見的料理。而且，馨棻離家北上業已多年，不但有經濟能力上館子品嚐各式佳餚，對烹飪亦頗有研究。那麼，為何對大部分人來說不起眼，或說不上來的「家常菜」，對她而言卻是珍貴無比的父親「拿

手菜」？或者，應該問的還有，母親（們）廚房的那盞燈，同樣會在清晨亮起，為何對我（們）而言好像沒有太大的意義？也不是難以忘懷的記憶？透過資料的收集與整理，我發現這些問題的答案，似乎可以從其他研究參與者的聊天內容中找到。

原生家庭由父親掌廚的研究參與者，另有亮君與佳琪，而詹家珊的父親會在週末偶有興致下廚。負責在年節煮特定菜色的，則是徐真她那想要藉家鄉菜傳承文化的父親。我觀察到，亮君對母親的描述與當天同伴們的回應，在團體聊天中呈現一個有趣的現象。對於家中由父親煮飯，亮君這樣解釋：「因為我媽媽不煮啊！我媽過得很爽！」此時，未婚的品貞與家珊立即揚起聲：「妳媽好聰明」、「是不是妳媽收入比較高？」

這個短短應答，卻說明了對 1980 年代出生的研究參與者來說，煮食仍被認為是母職是要項。此外，在與月內產婦和月嫂的聊天記錄中，佳琪對於不從事煮食勞務的母親也有著負面評價：「我媽就是很自私很懶惰的那種人，跟我老公同一類。」從這些片段中可以發現，「煮食」除了是母職之一，恐怕也還是臺灣當代社會對性別區分與道德倫理的判定準則。原來，對於生兒育女後的女性，不論有無專職工作，都應該負責家庭煮食勞務的觀念，早已深埋在我們的文化基因序列中，讓我（們）不知不覺地將母親（們）的辛勞視為理所當然，甚至可能抱怨自己的母親，不像別人的母親那樣犧牲奉獻。這也才終於能解釋，為何由父親（們）點亮的那盞廚房的燈，特別會是意義非凡的回憶與象徵，父親的「家常菜」也會變成彌足

珍貴的「拿手菜」。以文獻為基礎而論之，臺灣社會規範的性別分工仍以女性負責煮食勞務為主。而從研究參與者所提供的資料來看，除非情況特殊，鮮少有父親、男性來負責煮食的家庭。故而，願意偶為妻女做上幾道菜的男人，就已經是「好男人」，天天為妻女煮食的馨菜父親就更是偉大了。縱使不煮飯的母親與做菜的父親都在社會規範／訓之外，但看起來母親受懲罰、父親會受褒揚的情形較多。

　　同樣是在團體聊天中，一旁已婚的研究參與者，不僅緩了幾拍節奏，甚且繞了個彎，才開始回應這個父親或是先生煮飯的議題。王羽芮首先說明，她先生本就擅長也歡喜烹飪，交給男方自是當然，婆婆也沒有意見。而嚴淑董、洪靜嫻這一對青梅竹馬的女同性戀伴侶，在煮食勞務的分配上，也仍是由負責家庭主要收入來源的靜嫻來執行，並沒有固著於誰主外、誰主內的想法。況且，淑董真的只會煮泡麵。那育有一女的王懿琳，更以先生曾要求自己去跟婆婆學「年菜」來舉例。「要學你自己去學」，她不假思索，立刻跟先生這樣回答。同時，也向大夥兒解釋：「因為學會以後就可能都是要我煮了，我才不要呢！」

　　在這個團體聊天互動中我就發現，當已婚的女性意識到，同儕好友不經意地以傳統慣習、社會主流價值評判著自己時，她們便開始以各自不同的方式辯護、挪移至與未婚女性或異性戀不同的觀看角度。重新在她／他人的眼光中，放進個人的經驗論述，不斷校正自我在社群中的經緯與座標落點。就如同楊(Young, 2006)所言：「一

個人在結構中被定位的方式，隨著他人在各種制度環境中如何看待他或她而變，也隨著個人怎麼看待自己而變」(p. 31)。「女食聊天計畫」的資料顯示，不論年代、學歷高低、收入如何、須不須要煮、會不會煮，研究參與者自己都意識到或不滿、或埋怨著傳統性別框架下家務分工不平等的問題。1960 年代以後出生的研究參與者，更是表達了另一半應分擔煮食勞務的希望。但即便如此，她們卻常不自覺地矛盾於對母職的既定期待與看法，除非自己的角色扮演有所變動。也就是說，唯有在關係立場改變時，權力結構始能鬆動，重新詮釋的契機隨著出現，瓦解、再建構論述的能量也會運轉起來。

另方面，馨棻除了心疼、感謝父親的付出，也認為「幫三個女人做菜，父親是有自信、有成就感的」。若是時間允許，她也想要這樣煮給朋友們吃：

自己也想要這樣子煮給別人吃。雖然社會上一般人認定煮飯是女生的事，但我會生氣，我覺得要互相，因為我們也會主動去幫爸爸，能做什麼盡量做。如果遇到要求媳婦一定要做什麼的那種家庭，那我乾脆就不要嫁。憑什麼我在自己家都沒這樣，憑什麼我就要去你家當免費傭人？

這個「煮給別人吃」的想法，正是一種為人煮食、分享與共食的能力與心意，是因「相聚」而產生的成就感與喜悅。就像高齡的玉綺奶奶曾欣然為同是戰亂移民的朋友們煮食，就像年長的碧純堅

持為四代同堂備餐，就像馨荼的父親帶著「榮譽感」為家人做菜，忙裡忙外，只要家人喜歡吃，「他就會很開心」。

然而，如同馨荼所說的，這個為人煮食、相聚共食的成就感與喜悅，若是變成約定俗成的社會規約，就會令人反感、敬而遠之，也會發生像懿琳不願意學會夫家傳統年菜做法的現象。因為，不論負責或承繼的是家庭或社群的煮食勞務與傳統，牽涉的不單純只是榮譽感，更包含了具儀式感與重複性極高的勞力消耗和心理負擔。不僅如此，當這樣的付出被視為理所當然，甚而不被珍惜、不受尊重，那原有的成就感與喜悅也會消失，漸而怨懟。尤其是對以藥食同源為基礎的「女食」內容來說，在現代營養學發展與臺灣醫藥便利的脈絡下，這個「傳統」若仍框架在女性勞動的「約定俗成」與婦德倫理的「規訓」之內，那麼不論在知識或是技術層面的延續保存方面，恐將面臨重大挑戰。從文獻與研究參與者所提供的資料看來，狀況都是如此。

既然近年各無形文化遺產類項的保存重點，已從「物」轉向「人的知識與技術」(Kirshenblatt-Gimblett, 2004; Romagnoli, 2019)。無人願意主動承接、實踐的傳統與文化遺產，面對的正是消失的危機。在思索如何保存臺灣「女食」文化時，我發現，除了以臺灣當地、當季農作、畜牧或是海鮮為食材，建立符合臺灣當代自然、社會環境脈絡以及五行哲理的健康飲食觀念之外，將煮食勞務從傳統婦德的大包中解放出來，讓現在與未來不同世代的女性重拾「為人煮食、相聚共食的成就感與喜悅」，也將會是一大重點。

　　針對這個議題，我認為與取得碩士學歷後即走入家庭、育有一女的胡麗芬在線上的討論極具啟發：

我：妳覺得高學歷的家庭主婦最大的成就感是？

胡麗芬：我覺得有沒有高學歷，做家庭主婦都一樣。也許高學歷，
　　　　只是讓我更認同我的角色，也不會因為角色而限制自我
　　　　價值。

我：煮飯時，我有過「媽媽讓我唸書，不是用來煮飯」的念頭。

胡麗芬：我不會，因為我很喜歡煮飯，我煮飯時，都是因為我
　　　　想煮。

我：想煮的原因是？

胡麗芬：因為煮飯也是一種創作啊！因為我都沒有食譜，即使
　　　　看了別人的食譜來做，也不會完全一樣。

我：妳會在 FB 寫便當文，也出書。書寫飲食，對妳來說有什
　　麼重大意義？

胡麗芬：書寫飲食是因為烹飪過程會有人、事、物，其中就會
　　　　有情感。而且，我覺得那是一個記錄，記錄當時的心
　　　　境，這些心境在當下很感動你或讓你覺得窩心或覺得
　　　　有趣，可是卻很容易遺忘。另外一點，我希望女兒覺
　　　　得做菜是快樂的，不要像我小時候被灌輸，「女孩長
　　　　大嫁人就要會煮飯，才能照顧一家人。」學做菜不是
　　　　責任，而是因為喜歡，樂在其中才做！至於書寫，我

■ 「相聚」是煮食成就感與喜悅的來源 (資料來源:作者友人拍攝)

覺得不是針對料理本身,而是我和女兒對話的互動與更進一步的理解對方。不管是做便當,或是一起下廚,我們對話的內容變得更多更豐富。

我:透過寫女兒和自己的過程,重新看待彼此關係?

胡麗芬:對,然後再不斷的對話,找到可以改進自己的方法。更有耐心,學會傾聽小孩每句話背後的意思。

每每回顧這個線上對談,總覺得它就像是一索繩圈,給在研究過程中不時掉入女性主義憤慨文化裡的我,拉住起身,望向一片更廣闊的視野。此時,它更幫助我看到,讓煮食勞務從責任的範疇解放出來的方式,就是將料理視為與他人、自我對話、溝通的媒介,讓每次的煮食成為美學與創意的實作展現。它幫助我從過去的自我懷疑走向肯定,肯定我著實擅長在四季變換中,為自己、為家人、

為朋友選擇最適當的養生食補；肯定我懂得食材的營養成分、冷熱寒涼、五行生剋來配菜、調味；肯定我有著獨到的眼光與美感來擺盤上菜。是的，我自家餐桌常是高朋滿座，共食同飲中分享彼此的近況、心情，我們是「女食」多元文化樣貌的「特使」、「映照者」，也是說著我們自己故事的「真正局內人」。原來，I am sort of Mrs. Dalloway but a very happy one.（我算是相當快樂的戴洛維夫人。）[9]「相聚」即是煮食成就感與喜悅的來源。不只為妳／你們，也為我自己而煮，為我自己而吃。

誰的年菜？誰的傳統？誰的權力？

「女食聊天計畫」中的菜色主題，除了「家常菜」、「拿手菜」之外，在輕鬆不設限的聊天脈絡裡，也有研究參與者（蔡碧純和徐真）主動提到「年菜」，而且都是婚後由婆婆教作。不過，高齡90的曾玉綺奶奶在聊天中，也主動提到每年除夕夜和家人相聚的情景。因為戰亂，她與先生都是第一代移民，所以沒有公婆。年夜在自家祭祖，子時過後就和先生到二姊家，二姊會準備「八寶稀飯、大頭菜、蘿蔔、芥菜，四個素菜當宵夜」，吃完就一起打牌。令我

---

9 Mrs. Dalloway 是維吉尼亞・吳爾芙意識流小說《戴洛維夫人》的主角。小說中描述戴洛維夫人準備舉辦宴會的某一天，透過思緒的游移、跳接，省思生命，甚而嚴肅批判社會制度。

好奇的是，在年齡、學歷、職業與家庭成員組成各方面，她們都沒有共同點。經過不斷仔細比對，我才終於發現這三位研究參與者的重疊之處，就在於對煮食勞務傳統性別分工的認同。當我不捨她的顛沛與辛勞時，玉綺奶奶回應我：「這是天職啊！這是我應該做的事！男主外女主內，我們從前一直以來都是這樣子！」至於上有四個兄長受父親寵愛的碧純，在婚後才開始自學烹飪、觀摩鄰居煮食，她也說：「這是天生自然的。」高學歷且生活十分忙碌的職業婦女徐真，對於煮食勞務的性別分工，她的看法則是：

> 誰給我這種觀念？社會給我這種觀念，我婆婆也是這樣子，我也是這樣子。我的嫂嫂也是這樣子，所以我就很自然而然是這樣子。我覺得那是一種自然形成的樣子，所以我就應該進廚房。而且我絲毫沒有懷疑過這件事，因為我覺得，男生在從小在進廚房這件事他也沒有被 training（訓練）到。這個世代就是這樣……。

徐真也表示，讓另一半幫忙洗菜沒有問題，但不會放心讓他炒菜。就算先生願意下廚，她也不會接受，因為就會「兩個小時以後才吃飯」，毫無效率可言，「唉，還是我做比較快……」。

雖然我反對煮食勞務傳統性別分工，但徐真這「寧願自己煮」的回應與說明，卻也是我多年來的生活心情寫照。在陳玉箴 (2016) 關於臺灣家庭外食比例逐年上升的研究中，「忠實烹飪者」的特色之一，也是「烹飪技術純熟」、「雖然也偶爾覺得累，但寧可自己

煮」（頁 94）。事實上，不管認同與否，所有的「女食聊天計畫」研究參與者皆感受、意識到，女性應負責煮食、養育子女的社會規範與期望。而徐真、玉綺奶奶及碧純這樣毫無疑問地接受煮食勞務的性別分工，也體現了在歷史給定的、相對穩固的制度性關係中，像是傳統、類傳統或是風俗慣習的社會文化規範裡，通常找不到個人或是族群在「選擇」甚或「創制」時的蛛絲馬跡。而對照起提出抗議與埋怨家務分配不均、性別不平的其他研究參與者，也標示出探討個人在社會結構中的位置、利益與規範等衝突的重要性。正如楊 (Young, 2006) 所指出的，由制度面所形成的關係與規則，往往是內化、影響主體意向的源頭 (p. 30)。此時，透過性別概念的觀景窗，才能針對社會結構、組織與制度面向，觀察由不同個體行動，卻又形成相同結果的過程，提出反思與批判 (p. 31)。例如：在同性戀伴侶的關係裡，就無法套用傳統異性戀的性別分工來思考，其中也會因為社經地位與職業而有所差別 (Carrington, 1999)。加上烹飪技術的學習背景、經驗能力和興趣，更是因人而異。如此，再度回看對傳統性別分工的批判時就可以明白，解構傳統男主外、女主內的文化框架，並不應該用思維扁平、界限分明的方式去要求男性都該學習烹飪，更不是反對女性走進廚房。而是要讓煮食與共享的成就感與喜悅，在忙碌的當代社會中，以珍惜對方付出、尊重多元的方式，重新展現於彼此之間以及和眾人相聚的珍貴時光。循此理而推之，由婆媳為行動主體的「年菜」系統，當然也不會只是複製婆媳尊卑關係的傳承而已。

在認同煮食勞務的性別分工的前提下，到公婆家過年，由婆婆教作「年菜」媳婦接手的操作，即使在程度上或有差異，不論是尊重、順從還是侍奉，這些「個體行動」也許在表面上看來，似乎多少都為在現代社會已忽明忽滅的女教婦德添上柴火，幫掏空樁基的婆媳尊卑灌入漿泥。然而，若細究研究參與者所敘述的內容，仍可找到她們如何從各自不同的立場觀點與處境位置，重新構建「年菜」的知識系統與論述結構。

例如，出生於 1950 年代，照顧四代家人的碧純這樣描述到婆家過年的景況：

過年都是在斗六，婆婆那邊，主菜都是麻油雞跟大鍋菜。我們北港那邊是有什麼菜煮什麼菜，比較都市，不會固定。我公公會比較哪個媳婦最會煮，只要我有煮飯，他一定吃兩碗飯，他最喜歡我煮的菜。因為我大伯比較晚結婚，我最早去他們家。所以後來的媳婦都要問我，不過反正過年就是一鍋雞酒、一鍋大鍋菜。

碧純說明，她嫁到夫家後，婆婆四十幾歲時就再也沒有煮過飯。由於夫家務農，煮飯多由媳婦擔當。說到跟婆婆學習做菜，她也簡短陳述：「以前婆婆會教一次，妳就要記起來。」這個「教一次」、「就要記起來」、學會做的狀況，跟臺南「安閑園」裡的媳婦那樣，先在廚房幫忙一陣子才有資格主中饋（辛永清，2012），或是《國宴與家宴》裡的女兒，在廚房與市場跟進跟出，不知覺也就會做菜

的狀況完全不同（王宣一，2016）。比較起其他研究參與者「憑著味道的記憶」、「有興趣」或「站在一旁觀察」或是「自己多練習」的學習經歷也顯然不同。言詞中，不但以「有什麼菜煮什麼菜」來暗示娘家與婆家的城鄉差距，碧純更透露了婆婆的嚴格，同時也凸顯了她與公公因著煮與食而建立的融洽。在與其他姒娣先來後到、傳授年菜內容的關係結構裡，更可以看出權力位置隨著烹飪技術的傳承而轉移的現象——「後來的媳婦都要問我」。

再聊到婆家麻油雞和大鍋菜的作法與內容，碧純則如此回應：

煮雞酒，薑要炒香，大鍋菜就是先把所有的東西都炸過，然後放到鼎鍋用柴燒。豬、雞，有時也有鴨肉，先煎一煎，然後放下去煮，菜頭、油一起放進去煮。他們鄉下有鼎鍋，我們北港有瓦斯、現煮現吃。他們一鍋都會吃五、六天。麻油雞也煮多一些，都要吃好幾天。

在這個婆家「年菜」的內容與作法描述中，又再度可發現，碧純以烹飪工具和分量來區別娘家與婆家，「我們」與「他們」的差距／異。他們「過年就是一鍋雞酒、一鍋大鍋菜」的單調，不像我們多樣「不會固定」；他們鄉下就用「鼎鍋」、「柴燒」所以同樣的東西「都要吃好幾天」，不像我們「有瓦斯、現煮現吃」。由於碧純在聊天的過程中，在「拿手菜」、「食補」與「過年拜拜」的話題中，分享了許多與麻油相關的料理作法。不論是麻油雞，或是

以麻油料理其他的肉品，她都肯定其功效，卻完全沒有再提及「大鍋菜」。亦即，碧純在傳承婆家的「年菜」時是有選擇性的，而且，對於麻油的選擇，她也特別跟我介紹來自家鄉北港的店家，「我小時候他就在做了，別家的都吃不習慣，都吃那一家的。」

若是把這些描述整理到世界無形文化遺產論述的框架內，再以其術語來說 (Hafstein, 2009, p. 108)，那就會像是碧純在婆家的「年菜」系列主題上，「選擇」了麻油雞、「排除」大鍋菜，而且「指定」、「推廣」了（娘）家鄉的油品，在每年家中拜拜時，不僅「復振」了她童年味道的記憶，更以煮食的成果來「展示」屬於自己的文化場域。這也如同皮爾斯 (Pearce, 1998) 所發現的，在家庭內傳承文化遺產的主體通常是女性。而再從實踐的面向來看，女性不但掌握了選擇與排除的權力，實際上也進行了文化遺產內容的重構。意即，看似父系的家庭飲食文化傳統，其實是以婆媳關係用母系的修正主義，進行不斷偏移 (deviation) 的重複 (repetition) 儀式與論述。

碧純從城鄉、婆媳的立場觀點、處境以口述的方式，傳達了煮食分量與烹飪器具的重要關聯，更建立當餐煮當餐吃，始得衛生營養的知識。於此同時，也再度提供了研究《崔氏食經》的新觀點。雖然學者曾推論，《食經》在材料準備上分量相當大，應是戰亂中家族食口眾多之故（逯耀東，1993，頁 22，25–26），但這推論邏輯中缺漏的恐怕就是對於烹飪器具與同一道菜吃好幾天的連結與理解。因為士族在戰亂中隨軍流徙、居無定所，有著就地埋鍋造飯、又連夜拔營的艱苦。一次煮夠多分量的飯菜，不只是「食口」數量

眾多或是需要「諸姑諸母」共炊的問題。隨時帶著可以吃上好幾天的食糧，也會是烹飪鍋具與環境所帶出來的思考，而這正是曾參與煮食勞務者才會明白的道理，單是透過閱讀、研究食譜的文字記載，恐怕無法周全的部分。也就是說，碧純的「年菜」分享，不但凸顯了從性別觀點與文化經驗出發，覺察、反思社會權力深層結構的重要，更提供了學科知識重構、辯證與對話的契機。

　　主動聊起「年菜」研究參與者，另有學歷與社經地位都高的徐真。或許也因為這個緣故，在說明我的研究主題後，徐真立刻從文化論述的方向回應：

　　對我跟我的家庭來說，食物是一種儀式，那個儀式會反映在哪裡呢？比如說我們家過年一定要吃哨子麵，以前是爸爸做，而且爸爸做哨子麵非常講究。那個食材、那些料啊等等都非常講究……所以到了我爸爸晚年，我四哥跟我五嫂就學著做這個哨子麵……現在爸爸不在了，我們家過年的時候兄弟姊妹聚在一起，我四哥就負責煮那個哨子麵。那對我來說，我的除夕就是一定要做一道全家福給我的孩子吃，可是我初二回娘家的時候一定要吃哨子麵，這兩種不同的菜呢，其實是代表了我的兩個家庭留下來的傳統。

　　徐真這裡所說的「全家福」是一道由 10 樣食材用蠔油炒出來的菜，也是她自婆婆那兒接手的「傳統」。徐真認為：「婚後當人媳婦，過年就不能只顧著吃。」所以就主動進廚房幫忙：

　　婆婆身體不好後，過年就是我掌廚。因為我婆婆只有一個兒子，那就是我一個媳婦煮。好幾年，就是我掌廚，過年我就是要準備兩道菜，另外一道菜就是年糕。

　　無獨有偶，像先前碧純的狀況一般，這個婆媳之間的「年菜」，在徐真手中傳承時，在內容與調味方面都出現了在處理文化遺產時會啟動的「選擇」與「排除」機制：

　　我婆婆有我婆婆的 10 道菜，我接手之後就稍微改良了一下，因為我家孩子不喜歡吃鳥蛋，每次到最後呢鳥蛋就剩下來，所以我就用蘑菇把它給取代了，因為都是白色。

　　當我更進一步問她是怎麼學會做這一道菜時，徐真說：

　　沒有寫下食譜來，過年的時候我會跟她一起去採買，跟著她一起做啊，慢慢做一做，做一做也就會了。我學我婆婆做那道全家福就是不斷地試那個味道，如果太淡了我就水少加一點，或者是香菇分量多少與種類、蠔油多加一點。後來我有改良，因為婆婆喜歡放很多蠔油，可我覺得蠔油過度太鮮了，我喜歡自然的味道。

　　從以上的資料可以看出，徐真在傳承婆家「年菜」的過程中，除了在食材上以蘑菇來代替鳥蛋的創意之外，也以調味技巧體現了

烹飪之為默會知識的特質,一種需要透過觀察與不斷地練習才能完成的技術。畢竟,「年菜」是一種儀式,無法全然複製。

徐真身為忙碌的職業婦女,婚前並無暇自煮,開始做菜是孩子國小之後的事了,「因為家有很多的記憶是在餐桌上面。」她的孩子特別喜愛她做的雞湯,裡頭加了黨蔘、當歸、紅棗,是一種「給孩子的印記」、「可以留給孩子的東西」。徐真強調,每個禮拜天她一定要做菜讓全家聚餐,因為她要幫每個孩子禱告。這個堅持來自於她對父親的懷念,尤其是父親認真準備哨子麵食材的模樣。也許她無法說雞湯好不好喝,但「那個味道很特別,可以留給孩子想念的東西」,就像「哨子麵的餡料」一樣。

對徐真與其手足而言,這道「非常費工」的哨子麵,不但是「年菜」更是父親的「家鄉菜」。徐真的父親是職業軍人,祖籍陝西,也就是戰後來臺的第一代外省人。徐真的父親平常並不做菜,只有在節日的時候下廚。她如此描述原生家庭過年的景象:

> 小年夜的晚上一定要包水餃到凌晨,因為大年初一一定要吃水餃。這是我爸爸他對過年的講究,我家年初一到年初五是吃饅頭不吃飯,我相信他是因為他在家鄉的習俗是這樣。因為陝西是北方他們是以麵食為主。

徐真的長兄曾將父親做「哨子麵」的過程記錄下來,寫成食譜並備份給每一個兄弟姊妹。後來,她的四哥與五嫂在她父親晚年時,

也開始練習煮「哨子麵」。一直到現在，徐真初二回娘家或是在手足相聚的場合，仍舊會由她的四哥準備「哨子麵」給大家。

「哨子麵」對徐真全家意義重大，因為那代表與父系家鄉的連結絲線。她的兄弟曾結伴尋根，到中國陝西一探「哨子麵」的來源與究竟。據徐真轉述，那兒的「哨子麵」跟父親做的口味並不相同，父親的「哨子麵」材料豐富許多。從徐真的「相信」年節「吃麵不吃飯」是父親家鄉的「習俗」開始，再到父親會很「費工」地煮「哨子麵」全家一起吃、兄長們寫下食譜並開始複製，後來也成為父親過世後，手足聚餐時一定會出現的菜色。縱使在探訪中國陝西後，發現那兒的「哨子麵」並非父親所做的那樣，這個口味不同、材料也豐富許多，在臺灣被「選擇」來當作「年菜」的「哨子麵」，卻已然成為徐真原生家庭裡，受珍視保存的「被創制的飲食傳統」。

■ 「哨子麵」（資料來源：徐真拍攝、其兄製作，相片由徐真主動提供）

　　落地異鄉成故鄉，除味覺記憶難以掌握，食材也都要在地化或是尋找替代，有所變動在所難免。再者，以家庭內部來說，吃過也跟著看了怎麼做，在謹慎地寫下食譜後，十多個兄弟姊妹加上姒娌，做得「最像」父親味道也只有一人，足見飲食傳承常有變動。若再以區域或族群來看，特定傳統菜色的出現，必定有其因著風土物產而生的核心元素，在「哨子麵」的例子當中，「麵」也許是答案，但在食材內容或是調味上的變動仍是顯著。更不用說，在遷徙移民的歷程裡，只要有人願意繼續煮食共享，它終究會越過區域邊境與族群界線，不斷重新在另一個時空脈絡中再現，被以「活傳統」的方式保存，甚至重新命名。

　　徐真提到，兄長所寫的「哨子麵」食譜中，有一段關於為「臊子麵正名」的補述，希望對市面上或是餐廳用法的莫衷一是予以糾正。她說，常見的有「紹子」、「哨子」，另有「梢子」、「臊子」，甚至是「杓子」等，連她父親當年也沒說清楚，但是發音上顯然都非常靠近。最後以「臊子麵」定案，大致是根據教育部辭典，「臊」即是肉末、肉丁的解說。事實上，關於這個名稱問題，我也查到過「嫂子」的說法與典故。到底孰是孰非，或者答案為何，真的就只能說「莫衷一是」。但就像那經典名曲〈Let's Call the Whole Thing Off〉，用最簡單的例子來示範的語源／音學分析："You say ee-ther/nee-ther, I say /ai-ther/nai-ther...Let's call the whole thing off." [10]

10　如同英文的母音發音也會因為地區出現音變一般。

■ 榨菜肉絲麵

■ 麻醬麵

只要是還「活著」的語言就沒有所謂一定不能變的「正統」發音和文法。對於一個仍然生動、有機成長的傳統飲食文化來說，更是如此。堅持某些特定的食材、作法與調味才是正統或是族群、語言的歸屬／特有／限定，都只會讓傳統僵化而失去生命力。從世界無形文化遺產論述的過程與收集到的資料也可驗證，動態維持才是對飲食之為無形文化遺產的最佳保存方式。就像裵瀆更能嚴肅地看待忠誠一般 (Haraway, 2010, pp. 149–150)，變動才能看到傳統的所在與延續。

在眷村密集的高雄鳳山長大，從小即／極愛麵食。與徐真聊完的當晚，味／嗅覺的鄉愁便喚使著我，把麻醬麵和榨菜肉絲麵全端上了桌。細細咀嚼而漸理解，食物常帶著包容的溫柔，如同「麵」香早就化融了區域疆界，「麵」稠也已補黏了族群隔線。

「女食」關係網絡中的互惠培力

在整理資料的過程中，我與每一位研究參與者，在飲食為主題的敘事和對話中，交錯著生命經驗、彼此分享、彼此連結。我記得高齡的玉綺奶奶知道我愛吃江浙菜時的熱切，立刻仔細地教導我，怎麼做不油膩的「菜飯」。還有碧純那「吃筍乾要有油才不會傷胃」的細細叮囑，猶然在耳。令我輾轉低迴的，更有與我母親年齡相仿的美森阿姨，如何在唏噓自己身為女性就是吃虧的生活中，從年輕到老盡力負責煮食與家務來支持自己與女兒的家庭。言談中，我也

深深體會到，這些長輩們絕不只是因為婦德倫理的綁架而一路煮下來。原來，那偶有來自丈夫、兒女、孫輩、親戚朋友的稱讚與相聚共食的喜悅，會如荒漠甘泉般點滴澆灌她們的成就感。「女食」，就是這麼樣疊織了辛勞與愛的複雜。

另有多位研究參與者在聊天時或對議題思考、沉澱多日後告訴我，她們要開始以四季搭配和五行生剋來養生（劉倩、張柔婷、陳敏莉），或者要為女兒準備發育期的食補了（王懿琳、林美芳、張柔婷、陳敏莉、李筱喬、沈好雁）。因著秀晴與好雁說我煮的四物湯好喝的回饋，我才知道原來有不好喝四物雞湯。除了明白自己受母親照顧的幸運，當然也因為這樣的讚美而添了成就感，藉此更瞭解同理煮食勞務者需要肯定的心情，不再自我懷疑、當局者迷。

擅長煮食的研究參與者，在聊天中展現了烹飪乃默會知識的特色。不必特別學，也不需要特別教，就算參考了食譜也不會照著做；同時，鮮少有人寫食譜，寫下了也都是精簡的步驟原則而已。不擅長煮食的研究參與者，則以出生年代的分布幫助我理解，「女食」文化的知識與技術接續、斷層，如何和臺灣社會的教育、女性就業、經濟成長狀態與性別

■ 水煮菠菜淋油

意識進展相關聯。

雪芬聊天時說，在我的臉書內容曾學到，不要再像以前的婆婆媽媽們用電鍋燉藥補，因為金屬內鍋與中藥材容易發生化學置換反應。敏莉則告訴我，她父親對於俗稱補血的九層塔炒蛋極為反感，認為那是因為蛋不新鮮了才有這樣的說詞與權宜之計。這些都再再提醒著我，日常生活中，有許多理所當然的作法和認知應該被重新審視、檢驗。因為，吃麻油九層塔煎蛋或是吃菠菜，絕對比不上吃牛肉的補血肉效果。對於停經與更年期的謬誤看法，當然也包括在內。

因早發性停經而就診，醫師對蔡碧純說，若無再生育計畫，就不必在意，既沒有其他的叮嚀，亦沒有進一步的衛教指示。那忙於照顧家人，為四代煮食的碧純，因此忽略了自己骨質疏鬆的癥狀，未至半百年歲就已面臨人工膝關節手術的抉擇。經過資料整理與深刻的反省，所有的研究參與者（包括我在內）都沒有關心過母親的更年期，或是對自己的更年期諸症消極忍耐。徐真與趙欣告訴我，當她們苦於熱潮紅 (hot flushes) 時，都沒有受到另一半或是兒女的體諒，家人更將「更年期」與壞（怪）脾氣連結，一起責備她。這些資料都確認了「更年期」的污名化與潛藏在傳統與現代醫學知識體系下，將女性身體視為胎產載體的意識形態。這提醒了我，在當代「女食」文化的論述中，應該要提倡、注重更年期養生法，讓更年期不再是女性忍一忍就過去的生命階段，而是如同經期、懷孕、坐月子一般，以積極正面的方式去準備、去面對女性特有的生理轉變，進而邁向更健康愉快的老年。這些都不應只是個人範疇的實踐，

也該是家庭與社會共同努力的目標。

在尊重多樣性的前提下，同理、互助，就像與胡麗芬聊天的內容，幫助我重新肯定自己的能力與創意，就像每一次我為家人、朋友彼此身心健康而煮食共享的餐聚，成為「女食」文化社群內部成員共同的聊／療癒。每個研究參與者是個體，是時空脈絡的單點存在，卻因著「女食（聊天計畫）」的關係網絡與交織而認識了彼此，成為社群，成為想像共同體，以「一種新的本質聯合……透過結盟 (coalition)——親近性 (affinity)，而非認同 (identity)」(Haraway, 2010, p. 253)，在網路多媒體的當代社會，更快速地交換訊息，多音發聲、多元呈現。讓我有機會能夠對「女食」的社群內部與其所實踐的「保存」行動現狀有所描述、分析，從身體、心理與社會面來觀察，個人主體在性別權力位置的不知不覺與自覺。同時，以性別的角度針刺、抽析出鑲嵌在傳統、風俗與慣習裡的權力架構與運作原理，再重新放回當下的脈絡中，以變動視角與高度的視野，結合著個人也多樣的共同體經驗，從微視互動結構分析到鉅視結構描摹，最後，帶著爭取整體利益的政治企圖，重繪出一幅臺灣「女食」文化的新風景。

04 / 世界飲食文化遺產的
前世今生

第四章　世界飲食文化遺產的前世今生

　　食物，與其他類型的文化遺產雷同，在文化遺產論述研究的領域裡，也面臨了分類方法、評價基準與指定原因的批判與質疑，因為那些原存於族群間的飲食差異，在全球化與移民浪潮的時代來臨後，界線早已跟著模糊；而族群內部對於食物所指涉的意義，也隨著階級、性別或品味而變動挪移。十九世紀至今，「人如其食」(You are what you eat.) 一直是營養與健康飲食的核心觀念，但藉著「食物的回憶」(*We are what we ate: Twenty-four memories of food*) 中的故事敘述，許多過往的記憶與文化的向度也被帶進食物的象徵意義層次裡 (Winegardner, 1998)。在移民歷史學者唐娜‧加巴奇亞 (Donna Gabaccia, 1998) 以社會現象來驗證「人如其食」之後，我們可以清楚看到，食物除了是由人體消化吸收的各類營養物質，也會以特殊的烹調口味與質地的繽紛姿態來代表民族與傳統特色。食物已是個人認同、串連族群，強而有力的手段 (Wilk, 1999, p. 244)。

　　族群的定義如文化遺產論述建構般，具有一種文化與社會「過程」的特性 (Smith, 2006, p. 13)。族群，是人為的操作過程，藉由不斷創造、重置界線和類別屬性來供內部族群辨識，並供其區分外部他者 (Eriksen, 1992, p. 3)。而這個人工的、漏洞百出的邊界線，卻常被族群內外部的雙方以歷史（書寫）建構來自然化其中的斧鑿痕跡，進行刻板印象的模造，以想像、虛構又持續辯證的方式呈現、再現，以成立「族群特性」(ethnicity) 或謂之「傳統」(Barth, 1969, p.

19; Bashkow, 2004, p. 444)。實則,「族群特性」是以懷舊感來強化支持的「精神狀態」(Bakalian, 1993, p. 13)。族群認同感也並非那樣單純地在線性的歷時過程中形成,它是透過溝通、競逐、自我成就與再現等相關的辯證方式來進行的 (Alba, 1990, p. 75; Denzin, 1994; Lu & Fine, 1995, p. 535)。但不論如何,唯有在文化脈絡中,倚賴著彰顯、覺察「差異性」,才能讓族群的成員找到他們想要的「族群特性」(Eller, 1999, p. 9)。這個差異性與族群特性的一體兩面與辯證連結,提醒著我們,在研究以食物來標示族群以及促成族群認同的飲食論述時,應對本質的存有 (essential being) 保持著後現代的批判與異議。或者讓我挪用安德生 (Anderson, 2006) 的術語來說,飲食文化遺產論述也常被利用來建構一個「被想像出來的政治社群」(p. 6),複製、重置了我們竭力想要弭除的種族、性別與階級界線。

聯合國教科文組織 (UNESCO) 自 2010 以來,陸續將法國美食大餐、地中海飲食文化、傳統的墨西哥美食、克羅埃西亞北部的薑餅製作技藝與日本和食等列為世界無形文化遺產保護項目,[1] 其中不難看出以地域、族群及國家做為基本分類的概念。然而,所有的特色飲食都很難被客觀認證為沒有雜質的傳統,飲食文化的地理疆界,正如同國界般是一條人為虛構的線。傳統,並非從不改變,而傳統飲食更不是從未變動的製作法或是調味。若說傳統是人為操作

---

1 相關內容請參照聯合國教科文組織非物質文化遺產名錄和優秀保護實踐名冊。https://psee.io/5gpq49。

且不斷被創制的歷史論述過程，飲食傳統論述更是如此 (Hobsbawm, 2000, pp. 12–13)。因為追溯飲食烹調的內容與方法，就可能是一部不斷被改寫的營養與生理的學科發展史，進食用餐的工具與環境脈絡，則交織了不同文化裡的權力象徵和隱喻。遑論食材的取得與處理，自始就已牽涉了自然環境生態與分工議題，而食物的分配更與階級鬥爭、性別角色扮演有著密切關係。至於爭取將飲食列為無形文化遺產登錄項目，更必須先藉由人類學、民俗學、文化研究、社會學者針對飲食文化進行研究而蓄積學術能量，再加上經濟、政治、外交的實際操作與論述鬥爭而成。

當地區性或族群的飲食文化被正式納入遺產項目時，就會像其他所有的文化遺產項目般，面臨「選擇」與「排除」的難題 (Hafstein, 2009; Hobsbawm, 2000; Park, 2013)。如何選擇值得保存的項目？基於誰的價值觀？又經歷了什麼樣的文化與社會的「過程」(Smith, 2006)？牽涉了什麼利益輸送與分配 (Di Giovine, 2014)？這些文化遺產批判研究的論述建構，都與聯合國教科文組織成立，有形、無形文化遺產保護概念形成，以及國際政治角力的關係密切。

有形與無形交融的文化遺產保護概念

　　二戰結束後，聯合國教科文組織即於 1945 年成立，希冀從教育、科學研究與廣義的多元文化保存，來達到促進世界和平的宗旨。[2]縱使如此，多國共同進行的文化保存行動與共識，也要經歷 1960 年代的拯救努比亞埃及神殿、威尼斯水患等事件後，才終於在 1972年 11 月 16 日年簽訂《保護世界文化和自然遺產公約》(*Convention Concerning the Protection of the World Cultural and Natural Heritage*)。為保存的人類集體記憶、歷史文化與自然生態，特別加強維護遭人為破壞或年久失修，具有普世價值的文化遺產場址與自然景觀。1992 年開始進行的「世界記憶計畫」，建立了各項數位典藏資料庫，以世界文獻遺產為保存目標，藉此提高文獻利用的普及率以及大眾對其重要性的認知。此外，以保護具有文化、歷史或考古價值的人類生存遺跡為宗旨的《聯合國保護水下文化遺產公約》也在 2001年生效。緊接著，與飲食研究、文化遺產論述有重大關係的《保護無形文化遺產公約》(ICHC) 也在 2003 年訂定，2006 年正式實施。[3]

　　然而，就算是以世界和平為出發點，聯合國教科文組織仍是

2　詳見 http://www.unesco.org/new/unesco/about-us/who-we-are/history/constitution/。

3　各公約內容發展與訂定，詳見聯合國教科文組織官網，https://whc.unesco.org/en/convention/。

一個牽涉國際關係政治、經濟角力的機構，與文化遺產保護相關的公約內容與操作也必然屬於機構論述，顯有諸多權力糾葛。其中，世界遺產與觀光利益結合尤為明顯。學者指出，縱使登錄文化或自然景觀，短期而言對該國並無太多實質的補助，但位列世界遺產名冊，幾乎就是觀光價值的保證，對於中、長期的觀光收入與整體經濟發展不可小覷 (Di Giovine, 2014)。然而，對於遺產場址的維持、文化傳承與當地社群的連結，甚至是旅遊業本身的規劃，學者仍不無質疑 (Nuryanti, 1996)。伊蓮娜‧帕斯卡莉娃 (Elena Paskaleva, 2015) 就曾以位於中亞地區的帖木兒陵寢為例，舉證烏茲別克政府如何利用登錄世界遺產來重建國族自信，如何以操弄歷史詮釋來促進觀光收益，卻造成遺址景觀樣貌遭受破壞的惡果。不僅如此，世界遺址登錄的評選議題，也在公約訂定之後快速出現。因為遺產保護公約的遴選過程，牽涉了許多美學標準與價值判定，初期的名錄明顯偏袒了西方宗教類別或大規模建築遺址而受到質疑。於是關於所謂「重要」(outstanding)、

「普世」(universal) 或保存「價值」(value) 等定義的論辯與調整也有所進展。1994 年，世界遺產委員會就提出《均衡性、代表性和信實度的世界遺產名錄之全球性策略》，目的正是希望能夠反映出全球自然和文化遺產的平衡分布和代表性，也開始為遺產多樣性的思考鋪路。

　　無形文化遺產的保護概念與機制的確發展較晚，原先是以著作權的觀念來界定傳統文化與民俗的保護方式，並在 1989 年由聯合國教科文組織大會提出建議文，然並無公約的規範效力。為了緩和已開發國家（多數擁有紀念碑及大型建築的文明形式）與原住民族群間（以非物質方式傳承文化）的差別、不平衡甚至對立的狀態，聯合國教科文組織遂往保存無形文化遺產的方向去思考。透過對於語言、傳統音樂、非物質遺產 (non-physical heritage) 與智慧財產權的種種研究，立下了始於 1992 年的「無形文化遺產」計畫目標與操作原則。首先，應推廣對無形文化遺產的保存與傳承觀念，進行「人間活珍寶」(Living Human Treasure) 計畫，以重視無形文化遺產實踐者與其社群的地位。再者，行動上應以「復振」與「傳承」(revitalization and transmission) 為前提，而保存的順序則是以「有消失危機的」項目為優先，若面臨選擇，也應以該文化實踐者 (actors/creators/practitioners) 的意見來作決定。最後，應將無形文化遺產置於民俗脈絡下 (folklorization)，接受其永久變動演化的本質，並納含與之混雜在內的都會區文化，以建立不同於有形文化遺產研究的方法論。另外，同年的聯合國《生物多樣性公約》，以及聯合國文教

組織／日本信託基金，也對認證、保存原住民與地方社群的傳統知識與習俗有相當大的助益 (Aikawa, 2004, pp. 138–139)。

　　不過，1997 年開始研擬的《人類口傳與無形遺產傑作公告》，對於無形、非物質的遺產保護僅是一個在「公約」之外且沒有財務挹注的登錄安排 (Hafstein, 2009, p. 95)。1999 年聯合國教科文組織正式公布《人類口述及無形遺產代表作的宣告》，每 2 年公布一次代表作名錄，最後才終於在 2003 的聯合國教科文組織第 32 屆大會中通過了《保護無形文化遺產公約》(ICHC)，將遺產的認定概念與提報重點，由歐洲中心的文化保存定義轉向了尊重當地、本土社區、群體與個體的文化遺產 (Romagnoli, 2019, p. 162)。[4]不僅如此，從《保護無形文化遺產公約》所定義的無形文化遺產來看，聯合國教科文組織已將保存重心，從「物」(artefacts) 轉向「人」(people) 的知識與技術 (Kirshenblatt-Gimblett, 2004, p. 53)。[5]其中的邏輯與重要見解正是在於，所有的群體都包含了人、知識與技術，縱使最後的產出與呈現會在物質層次上有所不同。

　　實則，在《保護無形文化遺產公約》的擬定過程中曾出現對於是否應仍有登錄名冊的爭議。因為對於較弱勢的小國而言，不論是

4　條文詳見 https://ich.unesco.org/en/convention。

5　無形文化遺產項目包括：一、口頭傳統和表現形式，包括作為無形文化遺產媒介的語言。二、表演藝術。三、社會實踐、　儀式、節慶活動。四、有關自然界和宇宙的知識和實踐。五、傳統手工藝。詳見：https://twh.boch.gov.tw/non_material/index.aspx。

登錄、列名或其評選過程都過於狹隘、菁英主義，可能會重蹈《保護世界文化和自然遺產公約》初期對遺產價值偏頗認定的覆轍，所以主張不應有名錄甚至是有評選過程。另一派的主張則認為，沒有登錄名冊與施行細則的建立，就很難喚醒保存無形文化遺產的重要意識。最後，雙方妥協的成果即是《保護無形文化遺產公約》中所出現的兩種文化遺產名錄，《人類非物質文化遺產代表作名錄》與《急需保護的非物質文化遺產名錄》。雖然內容中仍是有著「選擇」的意涵在內，但也已經從「普世價值」的強調轉向了「代表性」的呈現 (Hafstein, 2009, p. 108)。各個簽署國可編列境內種種文化習俗成為無形文化遺產基礎清冊，並在每次的無形文化遺產雙年會中，提報一項來參與遺產列名登錄的評選，期能讓無形文化遺產登錄展現出更開放的多元標準。

從文物保存與文化保護的目標來看，自 1964 年的《威尼斯憲章》至 2003 年的《保護無形文化遺產公約》，對於有形與無形的文化遺產保存與登錄，在美學哲理、真實性討論與價值規範上都不斷演化，尤其是針對真實性的定義、有形與無形文化遺產的區隔等。時值 2004 年，日本在奈良主辦了《奈良真實性文件》10 週年與《威尼斯憲章》40 週年紀念會議，分別邀請有形與無形文化遺產的專家約四十位參與其中。在澳洲國際文化紀念物與歷史場所委員會 (ICOMOS) 會長克里斯塔爾‧巴克利 (Kristal Buckley) 的回國簡報中可以看到，雙方在「保存」(safeguarding or conservation) 的專用術語以及「真實性」的定義與要求仍進行多次溝通，也終於共同發表

了其後對文化遺產保存觀念相當重要的《大和宣言》。[6] 爾後,有形與無形文化遺產保存不再是互不隸屬的概念,而是持續在人類歷史的文化空間 (cultural space) 中彼此互聯的動態維護:一方面強調尊重地區文化差異,以整體有機的概念去看待有形文化遺產;另方面則是將有形與無形文化遺產的整合性保存概念建立起來(文芸、傅朝卿,2013,頁 79–81)。然而,《大和宣言》就好似一紙預告文,各國遺產提名策略就此改變,本就將文化遺產與觀光經濟收益思維重疊的拉丁美洲與西歐世界遺產大國,漸漸運作起飲食之為無形文化遺產的論述建構。

飲食文化之為無形文化遺產

食物是如此富有情感的,那在我們每個人舌尖上的滋味,常引發強烈的情緒,而就是這種共同、共生的感官經驗會將人們連結在一起,不僅透過空間也藉由時間的運作,當人們一起回想起場場饗宴,甚而想像祖先們也有著相同的過往,這時候食物就被轉化成了遺產。(Brulotte & Di Giovine, 2016, p. 1)

重新回顧《保護無形文化遺產公約》的討論與簽訂過程,正可以看到文化遺產的定義不斷變遷,其中更牽涉政治與利益的分配與衝突。從外交政治權力運作面來看,無形文化遺產受到重視,並且

6　簡報內容詳 https://australia.icomos.org/wp-content/uploads/nara-report.pdf。

能夠在國際組織內快速簽訂公約,原因也並不單純。首先,在全球化的趨勢與壓力下,亞、非各國已經發覺全球、國際性的社會、經濟、文化整合,將對內部的無形文化遺產造成威脅,應該要積極立法保護 (Proschan, 2007)。再者,日本為了取得在聯合國教科文組織的論述主導權,其外交與經濟的策略運用不容忽略。例如:挹注專家會議經費,以日本國內的無形文化財保護政策為參考範本,起草《保護無形文化遺產公約》內容。當然,宣示以建立保護無形文化遺產制度為使命的聯合國教科文組織執行理事會總幹事松浦晃一郎 (Koichiro Matsuura),更是影響深遠 (Romagnoli, 2019, p. 162)。亦即,不論是在聯合國教科文組織的機構組織面,或是無形文化遺產的論述建構層次,日本政府都扮演了舉足輕重的角色。

多年過去,針對《保護無形文化遺產公約》的反省自然不少,尤其是對於聯合國教科文組織支持以國家層級介入文化政策的批判。其中可見到將之稱為「遺產政權統治」的犀利指陳,或者是繼《世界遺產公約》舊統治後的「新遺產政權」(Bendix et al., 2013; Turgeon, 2010)。從 1972 年的《世界遺產公約》開始,對於各個締約國而言,爭取登錄文化遺產本就有著促進觀光收益與經濟繁榮的意圖,更何況當地特色飲食本就是觀光業的重要資產。於是在《保護無形文化遺產公約》簽訂的前後,原就登錄列名世界遺產的各國,立即啟動了將飲食包裝成無形文化遺產項目的論述建構行動。例如法國、義大利在內的地中海等國,委任了學術界的民俗學與人類學家,以參與式觀察、問卷、訪談的方式,對餐廳、農業學者和市

民進行調查研究，系統性地書寫本國的飲食敘事 (Bortolotto, 2013; Broccolini, 2013; Tornatore, 2013)。墨西哥則是商請世界級的廚師，更結合國內旅遊的團隊來促銷他們的飲食文化。這些行動都是為了提升特定飲食風俗的國家或國際「價值」，而其中牽涉了溯源飲食傳統的年分與斷代或是烹飪操作等描述，在在影響飲食之為遺產的形塑與建構。這些不但是高分貝向國際強調應珍惜這樣的飲食文化，也動員該國人民應認同並參與推廣飲食文化。當然，從申遺案件檔看來，各國的策略仍有不同，明顯見到的是：墨西哥的「料理」(cuisine)、地中海的「飲食」(diet)，以及法國的「餐食」(meal)。

在《保護無形文化遺產公約》於 2006 年生效之前，「墨西哥傳統料理」與「地中海飲食」都曾分別在 2005 年、2006 年申請登錄《人類口述及無形遺產代表作的宣告》失敗，然而在申請文件與評選意見中，或可看出飲食文化遺產論述建構的意圖與策略。例如，墨西哥政府企圖以玉米之為農特產，扣連起國家認同，藉著飲食申遺的過程，來推動一個虛構的統一國族，抹去內部各個族群的異質性 (Moncusí & Santamarina Campos, 2008)。「地中海飲食」的申遺過程，則是為了符合公約內容中的「跨國」（多樣性）與「共識」（尊重），進行了更複雜的多國與跨領域學科協商。一方面，醫學與營養學構思了「飲食」(diet)，但其實人類學家則希望用「食材供給」(alimentation)，來呈現一種由當地社群，自古希臘就共同參與演化、改變的生活型態。科學界希望用「傳統」(traditional) 命名該項飲食遺產，但人類學界則堅持反對稱這種以現代醫學來構築的營養概念

為「傳統」(Romagnoli, 2019, p. 164)。

　　從種種跡象看來，以市場發展為前提、鞏固國際領導的文化優勢，是初期各國飲食申遺的動機，而非是純粹為了保護無形文化遺產。實際上，在《保護無形文化遺產公約》正式訂定之前，並無法條依據可以將飲食納入遺產保存項目。不僅如此，聯合國教科文組織一開始拒絕將飲食文化登錄遺產名錄，亦有其嚴謹、審慎考量。因為，就算是具地區傳統特性的飲食菜色，烹飪的過程可以用食譜來記錄，廚藝卻是屬於個人創作行為，無法強調以「復振」、「傳承」瀕危文化的相關條文來加以登錄。況且，像飲食這樣如此個人又日常的實踐與操作，要如何由社群集體去進行演化創新？若再加上以時空與分類的概念來思考烹飪技術，該怎麼說明地中海飲食的起始與流傳？要怎麼定義「比較偏」地中海飲食，或「不那麼」地中海飲食呢？又有哪個族群能夠代表「地中海」國家來呈現飲食的社會實踐？更重要的是，一旦讓這些申遺項目通過，在可想見的未來，飲食文化遺產的登錄與競逐，定有骨牌效應。難道，要讓世界上所有的料理都來登錄？難道要讓所有的簽約會員國都來提名 (Matta, 2016; Medina, 2009, 2017; Moncusí & Santamarina Campos, 2008)？

　　但就算一開始聯合國教科文組織反對飲食申遺，各國的行動並未就此停止。墨西哥緊接著在 2008 年舉辦國際的科學會議，發表宣言，向聯合國教科文組織提出接受飲食為無形遺產項目的建議。無獨有偶，其他對地中海飲食申遺案有興趣的歐洲各國，於 2009 年也在巴塞隆納召開會議，發表共同宣言，倡議將飲食文化納入遺

產項目。為了進一步向聯合國教科文組織施壓，秘魯代表在法、墨等國的支持下，於伊斯坦堡的跨國政府會議中提案，聯合國教科文組織應舉辦專家會議，討論將飲食實踐納入無形文化範疇的作法。緊接著，2009 年 4 月在法國維特雷舉辦的專家會議，就已成功為 2010 年飲食文化的遺產登錄做好萬全準備。2010 年 11 月在肯亞首都奈洛比的大會上，飲食項目終於登錄成為世界無形文化遺產，其中包括：「傳統墨西哥美食——地道、世代相傳、充滿活力的社區文化，米卻肯模式（墨西哥）」(Traditional Mexican Cuisine—ancestral, ongoing community culture, the Michoacán paradigm)、「地中海飲食文化（希臘、義大利、摩洛哥、西班牙）」(Mediterranean Diet) 與「法國美食大餐（法國）」(Gastronomic Meal of the French)。

事實上，正式接受尚未確認定義與類別不明的項目成為「飲食遺產」，展現出聯合國教科文組織在「遺產」的認定與規範，已經有了「不同的展望」(de Miguel Molina et al., 2016, p. 295)。在 2010 年申請登錄飲食遺產的文件檔案中，可以發現兩個重點。首先，他們三者重疊了《保護無形文化遺產公約》所規定遺產範疇中，第一類的口語傳統與表達，以及第三類的社會實踐、儀式與慶典，並將其整合成「傳統、知識、傳承與工藝技術」兼備的概念。再者，原先以日本無形文化財為基礎，重視的「區域社群」觀念，在飲食申遺的過程中，也轉變成由「國家內部的所有成員」來代表 (Romagnoli, 2019, p. 164)。對於這個轉變，日本學者小川直之 (2019) 認為是因為巴勒斯坦加入後，美國退出組織，聯合國教科文組織資

金不足必須限縮登錄名額，於是造成以經濟利益為前提的國家意識高漲，在國際競逐的壓力下，尊重、保護無形文化遺產的初心已然變質（頁 22–23）。但不論如何，2010 年的飲食申遺成功的確造成了骨牌效應，聯合國教科文組織也將機會開放給對飲食申遺有興趣的國家。如北克羅埃西亞薑餅、日本和食、南北韓泡菜、亞美尼亞的薄餅、阿拉伯、土耳其咖啡、亞塞拜然的烤饢等，陸續上榜。而法國長棍麵包、古巴蘭姆酒、平壤冷麵、中國茶、烏克蘭的羅宋湯、阿拉伯語北非地區椰棗等也在 2022 年登錄成為《人類非物質文化遺產代表作名錄》。不僅如此，在俄烏戰爭的影響下，聯合國教科文組織更於同年 7 月 1 日通過提名，使烏克蘭的羅宋湯成為《急需保護的非物質文化遺產名錄》，藉以動員國際間的合作及關注，飲食文化再次成為國際關係角力的帷幄運籌。在「政府間保護非物質文化遺產委員會」的決議文中，尤可見其立場與對戰爭的譴責：

　　武裝衝突已威脅到該遺產項目的存續，人民與傳承者的顛沛流離威脅到該項目，因為人們不但無法烹煮也不能在當地種植羅宋湯的蔬材，更無法相聚一起實踐傳承這個遺產，侵害了社群的社會與文化福祉。[7]

7　引自聯合國教科文組織官方新聞，詳見：https://www.unesco.org/en/articles/culture-ukrainian-borscht-cooking-inscribed-list-intangible-cultural-heritage-need-urgent。

不可否認，飲食申遺可以彰顯不同各國國內當地特色，或也可抗衡全球商業整合與食材同質化的壓力 (Caldwell, 2002; DeSoucey, 2010; Hiroko, 2008; Karaosmanoglu, 2007)，藉以推廣、管理國家特色農食作物、料理，甚至以此經營國家形象 (Matta, 2016)。然而，就像是報名米其林餐飲星級評等一般，只要參加評選，就必須遵守規則。也就是說，各國的地方特色與族群的社會實踐就必須順應特定（國際）標準，接受扁平、均質的理想飲食消費規訓。一方面，地方飲食文化在受到國家動員，進而成為國際無形文化遺產的過程中，即面臨了特殊性消逝的危機，弔詭地威脅了自身的保存與價值。同時，在國族意識與反全球化的議題操弄下，舊有傳統飲食供需鏈的既得利益者，不願意改變現狀的事實，也常難免被懷舊的浪漫色彩掩去，繼而失掉質疑傳統謬誤的可能、予以創新契機的能動性。例如卡蘿・黑爾史托斯基 (Carol F. Helstosky, 2004) 在研究中發現，所謂傳統、不變的地中海飲食族群，其實是一個「社會想像共同體」(imaginaries)，是由國家與地區的既得利益者所刻意運作的意識產物，全都是為了對抗「多元豐富的挑戰」(the challenge of abundance)，以及該地區快速變動的飲食消費趨勢 (pp. 127–128)。

飲食申遺，是新類目遺產化 (partimonialization) 的成功典型。甚至可以說是一種以遺產為中心的疆界與統治權的再思考，因為遺產依著不同的政治需求與經濟利益，被圈地、被描述成為可收編不同個體與族群的「聚落」。「如今，圍繞遺產的所有行動就是去創造新的疆界，以及新種類的疆界，在一場不斷重複的疆界

化 (territorialization)、 去 疆 界 化 (deterritorialization) 與 再 疆 界 化 (reterritorialization) 的遊戲中」(Tornatore, 2013, p. 344)。然而,這些遺產聚落的疆界時而重疊,好壞難說。看似是屬於無形文化遺產的相同規範下,卻不一定對所有的族群都有益處。面對全球化所產生的「無界」威脅,遺產成為「再界」的可能動力。但是,國家機器在無形文化遺產機構的包裝下,以保護文化為修辭,以管理來監控人民,以宣稱照護來佔領文化與傳統,卻也是一種利用、滲透、填入進而操作歷史詮釋與再現的政治手段 (Bendix et al., 2013; Tornatore, 2013)。不可否認,以國家優先的無形文化遺產管理,暗示了對當地族群多樣性的限制,甚至成為反自由主義的同盟。然而,我們或許也無需悲觀看待,因為無形文化遺產本身就具備「再創新」(recreate) 與「再界定疆域」(redefine territories) 的能力,可以在國家體制內或是國族主義下重新集結 (reorganize) 社群:

　　這種非物質文化遺產世代相傳,在各社區與群體適應周圍環境以及與自然和歷史的互動中,被不斷地再創造,為這些社區和群體提供認同感和持續感,從而增強對文化多樣性和人類創造力的尊重。[8]

8　詳官方中文 2018 年版(頁 5),https://ich.unesco.org/doc/src/2003_Convention_ Basic_Texts-_2018_version-CH.pdf。

飲食的遺產化管理與臺灣現況

　　飲食文化遺產的論述建構首重「族群」與「認同」議題，此二者皆與主張或宣告某種食物或飲食習慣的「所有權」(ownership) 及「歸屬」(belonging) 關係密切。「食物」被操作成「文化遺產」以宣示認同、標示族群。反過來說，族群成員也會以「食物特色」來標示自我、區隔他者。與「食物」相關的議題與素材，近年來更在經濟與政治力的積極介入下，小至地方、區域，大至國家與國際規格，不論是耕作、烹飪方法還是用餐模式等方面，所謂的「飲食風俗」已成為珍貴的「飲食傳統」，更常以當地特色飲食的姿態與觀光事業結合，進而成為重要的文化有價資產。世界各國、各地區如此運作，翻開臺灣各鄉鎮的旅遊導覽手冊也是這樣，都可見到標榜區域、族群風情的食譜與餐廳。[9] 但就在這所謂的地區或族群的背後，又會再細分地區中的小區域、族群內的次族群，且這些地區族群的食物標記 (food markers)，根本無法統一。若詳加檢視，其中更有許多是在經濟與社群復振的前提下，出現了「被創制的飲食傳統 (invented tradition of foodways)」。例如，非裔美國族群的靈魂料理 (soul food)，通常內有炸雞、燉豬肉（腸）、起司通心粉、玉米麵包、

9　如「道地小吃」、「當地風味」、「百年家傳」、「僅此一家，別無分號」等，
　　在臺灣各地的風景名勝或是觀光市集都可見到。而「臺菜」、「中式」、「客家」、
　　「上海菜」、「粵菜」等食譜分類或是餐廳命名也都可看到類似操作。

炒甘藍菜、炸秋葵加上飲料、甜派與蛋糕等。其中的內容與做法不但有區域性的差別，更有家家戶戶不同的風味。從實際操作與物質面來檢視非裔美國人的食物與飲食文化，學者發現許多曾經在歷史記錄中，對於種族與性別認識的謬誤又再度出現 (Williams-Forson, 2006; Williams-Forson & Counihan, 2011)。也就是說，飲食文化是一場對於時空、食材料理、烹煮步驟、族群分布、勞務分配等進行的社會群體想像。人們不但被制約在由文化背景所形成的食物喜好與偏見中，更以潛意識的方式運作著日常的飲食慣習，不斷以重複、選擇與排除，來強化、認知（之為）傳統 (Bennett, 1946; Bennett et al., 1942)。更甚者，飲食文化傳統在成為遺／資產的權力論述建構過程中，卻是有意識地去運作、去蓋／改／寫了歷史敘事與過往事件。

2010 年法國、墨西哥與地中海四國的飲食項目申遺成功，其後，為提升國際影響、維護國族自尊、促進內部團結、增加觀光利益等因素，世界各國的飲食申遺行動可說風起雲湧。臺灣以美食自詡，在鄰近的日本和食、韓國泡菜於 2013 年申遺成功後，似乎也蠢蠢欲動。文化部文資局與國立臺北藝術大學，在 2019 年舉辦了「飲食文化與無形文化資產研討會」，於會議簡介中得見，大會希望能夠「用文化保護的觀點來理解，從中研擬飲食文化的傳承延續作法」。[10] 然而，這個由官方主辦、學術單位承辦的研討會，卻顯

10　該會議於 2019 年 11 月 8、9 日在臺中文化資產園區舉辦。

現出對於飲食文化或是無形文化資產在概念與操作上，有著些許矛盾的「遺產化」（技藝傳承）與「資產化」（產業利益）兩面。甚如汪宏倫 (Horn-Luen Wang, 2004) 所言，將 "cultural heritage" 理解、翻譯成文化資產 (cultural assets)「確切反應了中華民國文化官員論及文化時的念頭：文化最終被認定是某類有價與有產值的『資產』」(p. 792)。

　　大會論文集當中，賴守誠 (2019) 的〈臺灣客家飲食文化資產的建構、形成與發展〉一文，可清楚看到客家委員會的立場，是以觀光、經濟為前提，主導客家族群文化資產的建構。另外，在臺南市觀光局委託的「2019 年臺南美食節──總鋪師復刻辦桌菜活動」研究報告裡，也可以發現在辦桌文化中，廚藝與重要職銜方面仍是限於家族內傳男的習俗；而在勞務分配上，女性則司職較不受尊重的端菜工作，謂「端菜腳」或「菜腳」等（謝世淵、洪琇雅，2019）。這裡我想指出，值得思考的不僅是其中的性別議題，而是在「復刻」的過程中，許多應該檢討的風俗慣習，在文化資產建構的脈絡下，因為已經消失多年，致使現下看來新奇有趣的事物 (novelty)，輕易就被操弄成為一種值得懷念的過往，甚至是應該「保存」的「傳統」。而以經濟利益為考量的產官學合作遺產經營計畫，恐怕也不會多去思考這樣的資產論述建構，可能對文化或文化遺產帶來什麼負面影響，更何況是蓋／改／寫了什麼的族群與性別歷史敘事。

　　歷經 1990 年代的本土化運動，以及 2000 年陳水扁與呂秀蓮當

選正、副總統，以鄉土、懷舊和追求真相為基調的臺灣主體論述成為顯學。從陳水扁就任後為成功大學臺灣文學系揭牌，各大學亦如雨後春筍般成立臺文系所，即可窺知近年政治操作、學術重心與文化論述建構的走勢。不僅如此，民間人士對「臺灣古早ㄟ」事物的興趣也自此被激發。例如，黃婉玲 (2019) 緣起於對辦桌文化的好奇，以參與觀察及訪談的方式，收集幾位總鋪師的古早味菜色與生命故事出版了《總鋪師辦桌：再現老台菜的美味記憶》。[11] 在這個非學術著作當中，雖無特殊的理論基礎，卻可在其平鋪直敘的訪談紀錄中，找到許多辦桌師對於飲食文化傳統的當代概念。其中有位明錦師，雖然父親是西裝師傅，卻自小對辦桌有興趣，恰巧隔壁鄰居的辦桌師，認為他聰明伶俐、可以栽培，於是就在假日工作時叫上他，從旁幫忙看著做起。明錦師的母親原心疼而反對兒子從事這樣辛苦的工作，但在經過命理師的認可與自身寡孀後，反而全力支持並積極參與兒子的辦桌事業。訪談中，對於「古早味」的傳統與現代，明錦師的看法是：

> 辦桌師不能一昧的只是想保留古早味，卻不去思考為何這些菜不符合現代人。菜該怎麼改良，才能符合老祖宗的傳統而又能顧慮

11　此書於 2012 年出版，至 2019 年已二版二刷，在書封上也說明對於臺灣 2013 年上映的喜劇類電影《總鋪師》甚有啟發。由書本的銷售及票房紀錄來看，飲食對於臺灣人民而言，應是本土與懷舊的情感所在。

到現代人的健康需求和喜愛才是重點……當然也要切記不要以訛傳訛，凡事都要重考據。（黃婉玲，2019，頁56-57）

所謂以訛傳訛的習俗，明錦師就舉例說明，謠傳喜宴上「不出鴨」以免顯得主人「鴨霸」的說法就是個誤解，因為酸菜鴨、魯班鴨、香酥鴨都是鴨料理，也沒見到有人抗議（頁48）。而對於總鋪師以家族男性為主的傳承，他的看法是：

父傳子固然好，可惜倘若只學會父親的手藝，就無法突破自己的廚藝，最好還是要多多到外面學習不同門派的做法，要有奔放的思考才能成功，學得再好也不能滿足，否則會走入死胡同。（黃婉玲，2019，頁137）

弔詭的是，雖然黃婉玲的初衷是為了追探辦桌文化中的「古早味」，但在訪談紀錄中卻呈現了許多辦桌文化，隨著時代進展所發生的異同，不僅是在菜色與口味方面，更有著結構性的改變。包括人力的調度（鄰人互助、臨時工到專業派遣公司）、

薪資的給付（以物易物、共餐、以桌計費、時薪等）、餐椅食具（村鄰街坊借用、公司自有）與廚具（建泥爐灶、商借鍋鼎瓦斯爐與中央廚房）的改善等等都是。如果再加上現代化社會講求營養衛生與用餐環境的舒適，辦桌文化的消失，絕不會只是口味太「古早」的問題：

> 有些好吃的古早味太油了，又有點燥熱，現在人未必能接受，像當年赫赫有名的「肉米蝦」，以現代人眼光來看就太油膩了，而古早味菜餚有很多是用勾芡方式處理，連魚翅羹也是勾芡的，以現在營養師的觀點一定不鼓勵，連我現在也都將魚翅羹改為清蒸魚翅湯，所以現在講的一些古早菜，就當作在聽故事吧。（黃婉玲，2019，頁 164）

那麼最令黃婉玲扼腕的「失傳」是怎麼發生的呢？秋田師說了：

> 很遺憾的，時間或許過得太快了，很多古早菜轉眼間我們也都不再做了，而有的早就失傳……但是年輕的一代不學，現代人也不愛吃了，所以失傳是必然的。（黃婉玲，2019，頁 44）

我認為，這個煮／食、供／需失衡的見解，完全可以呈現對飲食文化與飲食文化遺產的關懷。因為，飲食文化遺產的確可以被論述、經營，但是沒有實際的飲食消費介入，不論把「古早味」建構

得多好、多精彩、多值得保存，依舊會再度面臨飲食文化瀕危的境地。就如同語言一般，沒有人使用的語言，自然就會消失。更何況像飲食這種類型的無形文化遺產，很難以實體物件的方式，由博物館典藏。站在飲食之為無形文化遺產的立場，並呼應《保護無形文化遺產公約》的原則，即可看出堅持物件的不變動，其實是對傳統與文化遺產「真實性」的誤解。因為，以人為中心的動態維護，才是無形文化遺產傳承的真諦。

不論是訪談或是記錄菜色食譜，黃婉玲 (2019) 的努力不可抹滅。但她對於「真實性」與「原真性」的誤解，卻也值得注意。例如在她書中有一段關於海水伯與他一群七十多歲「老朋友」的敘述：

「沒辦法啊！四十多歲的時候，我發現自己的辦桌手藝只限於古早味，但是時代一直在變，有些客人想吃一些不同的現代化口味，偏偏我就是死腦筋又跟不上時代，做菜轉型不成，也應該說自己不想轉，只愛做古早菜，所以乾脆放下鑊勺改行去了。」他和這群「老朋友」在訪談中，十分重視真實性，很怕把錯誤傳下去。這一點是我過去採訪的老師傅們都共有的特性，就有如其中一位婦人提供的「炒什錦」這道菜時，材料中提到用「青椒」，這群老朋友馬上糾正說，六、七十年前並沒有青椒。（黃婉玲，2019，頁 183–184）

仔細閱讀這段文字就會發現，這個「很怕把錯誤傳下去」，顯然是對於菜色的材料或烹調方式有著固定的「時空」框架，甚至是

戀物糾結——他們的時代、他們的做法，才是「正確」。這裡的出現問題很簡單，因為若是有「更老」一些的朋友在場，應該也會提出「更早以前」的「炒什錦」是什麼樣貌，這時我們要怎麼決定何者才是「正確、正統」？這些「老朋友」所示範的，正是以食物來創制傳統、藉以認同、建立界線，形成某一年代的「族群」。然而，這種完全不變動才能保存「古早味」的想法，恐怕才是菜色「失傳」的真正原因。

飲食文化遺產絕不是哪一個年代或是哪一道菜，而是個人或群體願意持續執行的飲食行動。因為，失去了煮／食、供／需的人們，不論再怎麼追溯、定義菜色的起始與流傳，它還是會失傳，也只會是「古早菜」的「故事」而已。那麼，對於不想配合、也不想面對客人想「吃一些不同的現代化口味」之挑戰，於是改行的海水伯和他的「老朋友」們，應該也可以再度提醒我們，當傳統（事物）消逝的原因尚未解決，強勢建構論述而復振、保存之，能夠維持多久？尤其是那已經無人要消費的飲食項目？

辦桌是文化，也是風俗，因時因地制宜才能長久，秋田師是這樣說的：

辦桌師有句名言，「順著主人意，就是好功夫」，所以事先和主人的溝通要做得很完善才能賓主盡歡，長年的辦桌經驗讓我發現，各地的風俗不同，喜好的菜色也不同，在辦桌生涯裡，最要學會先去了解主人的風俗習慣，並尊重它。（黃婉玲，2019，頁 171-172）

　　事實上，「古早味」面臨的挑戰不僅是客人口味的變化，更有像是營養衛生、環保與動保議題的當代思維。一直以來，亞洲地區傳統醫藥食補的錯誤觀念，造成許多動物滅絕與生態浩劫，危害了人類文明與大自然的永續。堅持將犀牛角、熊掌、熊膽、穿山甲殼、鹿茸、鹿鞭、金絲燕窩、百步蛇泡酒、鯊魚鰭翅、海馬乾等入藥入菜，不但效果不如預期，也不合時宜。因為，飲食之為民俗脈絡下的無形文化遺產，應重視其永久變動、演化的本質。針對藥食同源的傳統，在保存的概念上該如此轉向，「女食」文化亦是如此。

　　1960–1980 年代在臺灣與日本電視臺教烹飪的傅培梅，她就是將中國各式料理引進臺灣，把各大菜系的名饌化成臺灣人的家常菜，不僅將食材在地化，更有配合廚具演進而開創的烹飪新法。如此，傅培梅示範了充滿創意的廚藝傳承、呈現了飲食文化遺產的動態軌跡。那麼，回過頭來看這些懷舊「復刻」與「古早味」追溯，應該就可以明白其中的問題所在——強調某一道菜色只能有什麼材料、什麼步驟才是正（確）（傳）統，恐怕只會加速特定飲食文化項目的失傳。

　　從制度面來看，文化保存的概念對臺灣而言自始就

是外來物。從日治時期的《史蹟名勝天然紀念物保存法》、戰後的《古物保存法》，到 1982 年通過、2005 年大幅修訂的《文化資產保存法》，其中多少都有著日本《文化財保護法》的影響。甚至到了 2009 年之後，臺灣各界開始以符合聯合國教科文組織的相關政策為思考方向，並在 2016 年《文化資產保存法》再度修訂時，全面將國際公約中無形文化遺產的定義與用詞納入條文中（江明親，2019，頁 37–39, 57–58）。歷經殖民統治、後殖民反思、民主化、本土運動與期望國際接軌的階段，臺灣無形文化遺產的概念在法制化的過程中不斷更迭，也顯現在概念與論述立場上本土化／國際化的擺盪。

2002 年陳郁秀任職文化建設委員會（文建會，文化部前身）主委，即以與國際同步、引進最新文化資產保存維護觀念為目標，啟動了臺灣世界遺產潛力點計畫。除了徵詢國內專家學者意見，由地方政府與文史工作室推薦提報潛力點，更邀請國際文化紀念物與歷史場所委員會相關人士來臺勘查，且於 2003 年正式公布 12 處臺灣世界遺產潛力點。文建會在 2009 年召開第一次「世界遺產推動委員會」，並於 2014 年修訂「臺灣世界遺產潛力點遴選及除名作業要點」後，又陸續選出臺灣世界遺產潛力點 18 處，擬定相關推動情況訪視計畫。[12] 從政策面來看，既使國際現實環境有著諸多阻撓，臺灣尚未成為具備申遺資格的聯合國教科文組織成員，政府相關單

---

12 相關資訊詳見 https://twh.boch.gov.tw/taiwan/index.aspx?lang=zh_tw。

位仍積極為申請世界遺產而準備，且申遺的規劃和企圖多年來並無改變。在資源分配方面，臺灣如同聯合國教科文組織的公約發展過程一般，雖以有形文化資產類為先，對無形文化資產類保存概念的建立與教育推廣的愈加重視，可從 2020–2021 年間文化資產登錄案件數量的快速增加觀察出來（陳儀芬，2021，頁 88）。規劃無形文化資產類別成為臺灣世界遺產潛力「項目」或是編列「名冊」，應會是文資學政界下一階段努力的目標，而飲食文化理當是重要選項。

　　以臺灣的《文化資產保存法》內容來說，對於飲食文化遺產的概念，頗似初期各國進行飲食申遺時的景況。首先，從法規上找不到切確、直接可援引的遺產類目與屬性，飲食文化看起來可以是「民俗：指與國民生活有關之傳統並有特殊文化之風俗、儀式、祭典及節慶」，也可以是「傳統知識與實踐：指各族群或社群，為因應自然環境而生存、適應與管理，長期累積、發展出之知識、技術及相關實踐」。[13] 再者，若是以保存特定族群、社群飲食文化為思考，族群間的文化競逐在所難免，而一旦以族群為基準開放登錄，引發國內各族群飲食申遺的骨牌效應也可預期。自 2010 年起世界各國飲食申遺成功至今，飲食之為需要受保護的無形文化遺產，實際上仍有爭議。臺灣是否應該就此接軌國際飲食申遺路線，也值得考慮。因為若要依照國際公約中的飲食申遺前例，臺灣必須先建構一個可

13　摘自《文化資產保存法》第一章總則、第三條，二、無形文化資產，詳見 https://law.moj.gov.tw/LawClass/LawAll.aspx?PCode=H0170001。

以代表全體國民的飲食文化論述。屆時在文化遺產系統中，選擇與排除的基本操作下，本土族群的飲食多樣與層次也可能面臨威脅。而這些年來，各國將飲食申遺與觀光、農產、食品加工業整合為經濟利益共同體的做法，不但成為議題焦點，也使得保護、保存飲食文化遺產之目的與初衷模糊不明。臺灣學者對此現象亦有所警覺並提出見解，認為不可一味為申／列遺而申／列遺（林承緯，2019，頁 61–62）。

目前臺灣已登錄無形文化資產項目中，最接近飲食的是以「傳統知識與實踐」為類目所登錄的「傳統手工製茶——鹿谷烏龍茶」以及「傳統手工製茶——名間埔中茶」，主管機關皆為南投縣政府，保存者都是個人名義。[14] 其中，蘇文昭在機器製茶的現代仍堅持手工炒茶，故為鹿谷烏龍茶保存者；陳茂淳則以具推廣傳習精神、受當地茶區業者推崇的工藝而列保存者。在登錄理由方面，可見到兩者都強調以茶為合作經濟體的「族群」生活，實踐「傳承」特殊、完整的「傳統知識」系統，故符合類目的評定基準：「1. 顯著反映族群或地方與環境互動下形塑之生活特色。2. 所承載之傳統知識內容具一定系統性與完整性。」雖然臺灣茶農現已普遍利用機器輔助製茶，主管機關仍以「不同的文化進程」、「顯現持續累積與發展之軌跡」來說明其登錄理由。可見，臺灣在無形文化遺產方面的管理概念已

---

14 鹿谷烏龍茶內容詳：https://nchdb.boch.gov.tw/assets/advanceSearch/tkp/20190213000001；名間埔中茶內容見：https://nchdb.boch.gov.tw/assets/advanceSearch/tkp/20190418000001。

漸與《保護無形文化遺產公約》同步，接受「真實性」在歷史脈絡中的變動與創新，其中就包含了傳統技藝／科技進展與生產／消費各面向的開展。

如同中研院民族學研究所研究員余舜德 (2019) 在「飲食文化與無形文化資產研討會」的所發表的論文中提到，1970 年代臺灣出現了高山（烏龍）茶，其清香口感對中低海拔的凍頂烏龍茶造成威脅，曾使得已經「現代化」（使用化肥、機械化）的凍頂烏龍茶葉者，計畫以「復古」（紅水烏龍）的方式來與之抗衡。然而，要復古到什麼年分？要如何讓已經習慣現代風味的消費者重新接受「古早味」？其實，對於傳統或現代「風味」的認知與接受度，對凍頂烏龍茶的行銷雖是一個決勝點，卻不是製茶業傳承的軸心。因為，對於風味要求，各有所好、因人而異，需要傳承的是製茶原理、知識系統的理解。不論是以手工或是利用機械輔助，掌握每個步驟的順序要點與溫溼度控制訣竅，才能製造、變化、創新不同「風味」的茶，以面對消費市場的需求與挑戰。而關於傳承議題，余舜德 (2019) 對茶農間出現的「代溝」現象，有精闢的解釋：

上述民族誌的討論提醒我們，今天這個「代溝」的出現，乃於傳統技藝「代代相傳」（而非失傳）的情況下出現。是繼承著「傳統」工匠技藝、今天屬「父親輩」的一代，於接受臺灣現代化過程中，戮力駕馭科技、因應精緻化的要求、適應消費風潮的轉變，而有「傳統」身體技能歷經「轉化」而出現筆者所為之「代溝」的現象……

新的「代溝」也於這個複雜的過程中，被持續創造。（頁 71）

　　我認為，這個捨「風味」而就「技藝傳承」的文化遺產見解，對於臺灣的飲食文化遺產論述極其重要。因為臺灣民眾在媒體的片面報導下，常有我們的「牛肉麵」、「火鍋」、「麻油雞」、「薑母鴨」或「族群特色食物」等都那麼美味，怎麼不能列遺的疑慮和誤解。大家對於堅持食物「風味」（材料、口味、做法）不可變動等遵古法、手工製的想法，也與無形文化遺產論述中的「傳承」精神相去甚遠。

　　另外，余舜德 (2019) 也觀察到同一個茶區內，有著所謂「手路茶」的說法，藉以用來展現、分享家族與個人特色的製茶風味，「雖然每人的知識、理論與技能有些微差異……但就如文化，提供成員彼此能夠瞭解／溝通的語言、概念、價值觀與知識。」這些「默會知識」，不是短期「集訓」或是體驗製茶就能夠理解，卻是當地藉由「評斷／學習／討論」，從分享乃至新創的基礎（頁 73）。對照聯合國教科文組織在 2003 年對無形文化遺產所下的定義與保存重心，以當地、本土社區、群體與個體的文化遺產為主，並從「物」轉向「人」的知識與技術來看 (Kirshenblatt-Gimblett, 2004; Romagnoli, 2019)，其邏輯與見解再度如我所見：所有的群體都包含了個人、知識與技術，縱使最後的產出與呈現在物質層次上必有所不同。亦即，無形文化遺產論述確切指陳了對多樣性與社區群體內部個人差異性的尊重。

動態保存「女食」的多元樣貌

　　從飲食文化研究的理路來看，大多關心的是「公眾」與「多數」現象，又傾向把傳統飲食文化談得博大精深，縱是淵遠流長卻難以實際操作（王子輝，2009；許木柱、簡美玲，2009，頁64–66；劉思量，2009）。終究，還是沒能指引出一條解決我在日常煮食勞務與認同矛盾的途徑。若說大的歷史文化圖像，是由小而細碎的日常生活肌理慢慢刻畫而成，那麼從飲食日常實踐的視角看去，彷彿就可見那從採買、構思、烹煮、擺盤到獨食或共食的身心過程。每一個參與其中的個體，都是形成飲食文化的動能煮／主體 (agent)。在認識臺菜、日本料理或是各地小吃的特色、定義或命名之前，母親不早就帶著我用「煮」「食」家常菜、「消費」日本料理或小吃攤，實踐、傳承著我們（之間）的飲食文化？我想進行的這個「女食」探討，本就應該從鍋碗瓢盆、柴米油鹽的「行動場域」開始，而這個「行動者」(agent)，實踐煮食勞務的主體，正是每一個傳承了臺灣「女食」文化遺產，在日常生活中煮食勞務、消費的我們。

　　我想起第一次到京都旅遊，赫然發現在阿公家裡吃飯時，那個我從小愛吃的黃色醃蘿蔔，好像不應該那麼亮黃，這才明白母親為何總要我從便當裡挑掉它別吃。我也想起小學時愛去福利社買一種有著鹹辣甜味兒、爽脆嚼勁的零食，長大後才知道那是臺灣傳統醃漬食物「菜脯」。在只准講「國語」的時代，那包零食卻叫做「辣蘿蔔乾」。如今，我會做菜了，也明白傳統製作菜脯的過程中，有

著需要曝曬的必要階段。如果真的要自己做，我不敢想像這些「菜脯」會經歷多少工廠廢氣、汽機車排煙與 PM 2.5 的污染。在這個有冰箱可保存食物的時代，豆豉、醬瓜、鹹蛋、鹹魚在食品檢驗機制下，已經都變成方便的包裝、罐頭食品了。也就是說，為著節儉、保存或是快速等理由而出現的各地特色醃菜，在實際需求與文化認同的意義架構與脈絡上都已被挪動。醃篤鮮的火腿犯不著自己做，榨菜和蘿蔔乾我安心地跟主張綠色環保的在地合作社購買；為了健康的理由，我只用鹽來淺漬蘿蔔，完全不加糖。全世界的食材在臺北幾乎應有盡有，而新移民的到來更讓臺灣味兒再度擾動起來。蕃薯真的能代表臺灣嗎？醃菜真的是大家的鄉愁？米食或麵食文化還能呈現族群認同嗎？要多辣、多鹹或是多油才是道地的什麼菜？但回過頭來說，我們難道不也像是余舜德 (2019) 所觀察到的，一直在變動的臺灣歷史、文化與環境脈絡中，藉著彼此能夠暸解／溝通的語言、概念、價值觀，持續評斷／學習／討論，縱然有著些微差異的知識與技能。繼而在不斷創新中，實踐／變動「女食」的文化傳承。

　　陳玉箴在 2020 年出版的專書《「台灣菜」的文化史：食物消費中的國家體現》中，有著對飲食文化研究非常重要的看法：不論是菜系或菜餚的概念定義皆非自於內在本質，而是基於不同脈絡中和他項不斷比對異同的話語變動（頁 225，372–375）。更精確一點來說，陳玉箴把**台灣菜**放在括號「　」裡，用以暗示定義的浮動暗潮，正視並承認文本動態是研究飲食文化非常重要的原則

與概念。而她所採用觀念，正是瑞士符號學者索緒爾 (Ferdinand de Saussure) 對於現代語言學最重大的貢獻：將語言研究重心從語源學 (etymology) 轉向語用學 (pragmatics) 的範疇。放入飲食研究來說，若以「麻油雞」為例，重點就不會是在什麼朝代開始懂得製造麻油，或是「麻油雞」這道菜色是什麼時候被「誰」又是「怎麼製作」的歷史溯源與沿革探索，而是去關懷「麻油雞」被使用的時空脈絡及其象徵意義。也就是說，放在某個煮與食的脈絡下思考，語用學所重視的發話者與受話者雙方 (addresser/addressee)，將會成為煮食者與飲食者，而當下的發話目的 (purpose) 與受話者反應 (response) 就會是雙方權力流動過程的展現，不論是煮、為什麼煮或不煮、食或不食或給予評論的權力論述分析都會牽涉在內。於是，「麻油雞」之為一種描述現象與承載意義的象徵符碼，就會如同劉璧榛 (2007) 所說的，是人與人之間溝通的媒介，一種具有社會性生產／再生產意義的實踐，終而成為一個飲食行動的場域與論述建構（頁 62）。

藉由回顧飲食文化研究、世界無形文化遺產的機構與運作過程，以及當代飲食文化遺產論述的建構策略。在此已可釐清，「飲食」之為無形文化遺產，有著三大重點。首先，不論是菜餚、菜系與技術的「真實性」在「傳承」過程中，有著不可避免的變遷。再者，因所有的群體都包含了個人、知識與技術，最後的產出與呈現在物質層次上必有所不同，故而應「以人為中心的動態維護」來思考、定義並進行傳承。最後，對於飲食文化遺產而言，保存的論述重點絕不在哪一道或哪一些菜色，而是去談一整套由社群、特定群

體或個人所持有的技術與知識體系傳承。那麼，讓我們重新回到 2010 年 11 月的奈洛比大會上，或者隨著時光流轉至今，對於「傳統墨西哥美食──地道、世代相傳、充滿活力的社區文化，米卻肯模式」、「地中海飲食文化」以及「法國美食大餐」，這些個世界飲食無形文化遺產的內容與定義，不論是當地國內外消費者的期待，抑或學者間的看法，仍然會是見仁見智 (Moncusí & Santamarina Campos, 2008; Romagnoli, 2019; Tornatore, 2013)。

又或者，當小川直之 (2019) 以「『和食』是甚麼？」為提問並書寫論文時，我們也可以跟著他進一步去思考，在無法釐清或定義「日本料理」與「日本食」的同時，設法去找到飲食之為無形文化遺產共通的論述建構重點──群體中人際間的社會慣習（頁 24–26）。因為「和食」的首義正是「包含生產、處理、準備及消費方面，一系列與飲食相關的技藝、知識、實踐與各項傳統的社會慣習」。[15] 那會是四季變換與多樣地理的風味展現，包括了溫濕度掌握與發酵食品的製作、湯底的提煉與生魚片刀

15　「和食」列遺的說明，詳聯合國教科文組織官網 https://ich.unesco.org/en/RL/washoku-traditional-dietary-cultures-of-the-japanese-notably-for-the-celebration-of-new-year-00869。

的流暢運使；擺盤中的花、葉和竹，配合著陶、漆器食具和室內擺
設，托陳用餐季節的氣氛與場合特色；料理形成了社會的連結，也
促進健康與永續，更有著提昇美學意識的整體社會慣習。「和食」，
自北海道到沖繩，在地理條件與歷史背景的交織下，表現出豐富的
多樣性。不論是京都佛寺宗教料理、茶食宴會料理、東京壽司文化、
東北地方火鍋料理，全國更是有多種當地鄉土料理，也都有其存在
的的中心社區。[16]

　　誠然，如小川直之 (2019) 所見，「和食」這個語彙所示的食生
活或是食文化，從學術專業角度來定義的「和食」概念至今仍未能
成型，而大家對它也「有各人的想像」（頁 24）。但我認為，「和
食」與其他各國的飲食風俗或文化，列名為世界無形文化遺產已
然是事實，而這個對特定飲食風俗文化的「見仁見智」與「各有想
像」，正是世界無形文化遺產論述以包容與多樣性的基礎，讓「飲
食」之為傳統、慣習或是風俗文化能夠不斷變遷、再建構的傳承走
勢與共識。就像是對水餃、粽子大家都有概念，但內容與製作方
式，各地、各家、下一代還是會有所不同。美國南方靈魂料理如此，
臺灣各地小吃、各族群傳統飲食如此，「女食」亦是如此。在臺灣
傳統飲食文化的表意系統 (signification) 中，「女食」之為意符 (the

16　整理自日本文化廳官網，日本食文化の無形文化遺産記載提案書の概要，
　　https://www.bunka.go.jp/seisaku/bunkazai/shokai/mukei_bunka_isan/pdf/
　　shokubunka_120925.pdf。

signifier)，不但會有可變動的菜色、食譜等客觀實存的意指 (the signified)，也同時指涉了可解構的女教婦德、男尊女卑等象徵意義 (symbolic meanings)。也就是說，「女食」的定義既實存也抽象且不斷變動，而在世界無形文化遺產的脈絡下，更

是可以被建構與再建構成為像「法國美食大餐」或是「日本和食」的權力論述 (discourse of power)。

也許從看到此書的題目開始，你／妳就已經有自己對「女食」的看法、想像、期待與關懷。但在多元文化推廣教育以及立場變換的策略下，「女食」不會是以物質為繫的特定菜餚，而是以女性為主要傳承行動者的臺灣飲食風俗文化與知識系統。這個「女食」，不但是以女性主體與生命經驗為運作中心的飲食文化，更是一個文化與時空的存在，以記憶、以勞務乘載了臺灣特有的藥食同源傳統、社會習俗，實踐著女性為人為己的溫婉心意，它不但是一個連結過去、現在與未來的操作，更是一個不斷展現自我存在價值的方式。在無形文化遺產的理論框架下來看，這個「女食」就像「和食」一般，會是許多社會慣習的集合體，當然納含了各個面向的展現，但不論如何，「人」以及其所建構成的「想像共同體」永遠會是飲食遺產論述中最重要的元素 (Anderson, 2006, p. 6; Howard, 1994, p. 7)。

　　「我」是個體，卻也離不開這個內部族群界線「不斷變動」的臺灣「想像共同體」。從社會、經濟、文化種種不同的面向來看，我可能是主流也可能是非主流。然而，身為性別邊緣、弱勢的已婚女同性戀者，那些面對異性戀文化主流所建構的社會慣習與傳統時，不知所措、無根飄蕩、真切而痛苦的生命經驗，與之而來的懷疑與問題，驅使我要站在性別的立場上，以煮／食者的觀點切入，在世界飲食文化遺產權力論述的形成脈絡中，反思我一直以來便身在其中的臺灣「女食」傳統與社會慣習，以釐清多年來種種的認同困境與主體危機，或與和解、或而重新培力。更重要的是，去結合其他研究參與者所分享的經驗，以「想像共同體」為（行動主詞）身分，以文本語言脈絡分析的成果為（關係與功能）材料，拌煮、調理出臺灣當代「女食」文化論述（意義指涉）的系列套餐，終而以豐富的擺盤（無形文化資產）呈現，成為推廣多元文化教育，終而凝聚內部共識能量的理想與實踐。

05 / 建構臺灣當代「女食」 文化論述

第五章　建構臺灣當代「女食」文化論述

　　此書的研究開端是對於自己的質疑，是一個主體認同危機。那是在為自己、為伴侶準備三餐的煮食勞務時，所意識到衝突與撞擊，是來自於原生家庭教育以及受西方女性主義思潮影響的矛盾，交織著我與母親的記憶、性別認同困境與受疾病侵蝕的身心歷程。我開始質疑也反省，在臺灣當代的社會文化脈絡下，自己與其他女性，如何在這個以女性為勞動主體及藥食同源為核心的「女食」文化中自處。受惠於既存理論與學者們的見解，也因著女性主義、多元文化推廣教育以及立場變換策略的啟發 (Harding, 1991; Haraway, 2010; Narayan, 1997; Young, 2006)，我拈起性別立場的剖刀，在第二章中謹慎地撩開傳統煮食勞務分配的結構斷面，剝離傳統漢醫婦科學建立的邏輯，析理出婦德倫理與煮食勞務的連結，以及將女性視為胎產載體所建立的婦科醫藥知識體系。在第三、四章透過「女食聊天計畫」的內容研究分析與詮釋，讓每一個研究參與者以「真正局內人」的身分，成為「女食」文化中的「特使」、「映照者」，侃侃而談我們的「女食」故事，藉此找到「女食」文化的保存價值與族群共融（榮）感，為延續傳承「女食」的知識與技術找到可行途徑。同時，懷抱對臺灣無形文化遺產保存的關切與列遺的期盼，梳理了世界無形文化遺產論述的發展過程，不但釐清文化遺產「真實性」的定義與再定義，也揭示了「傳統」的演化本質與動態保存之必要，用以指出對多元的尊重與多樣性的包容，乃是族群「活傳統」的命

脈源泉。更從各國飲食文化申遺的策略裡，找到可納容個體與社群
共同體的「相聚」和「共享」，並以之為飲食文化保存操作原則，
立下建構臺灣當代「女食」文化論述的樁基。

　　為達成動態保存「女食」傳統的目標，首要之務，即是對傳統
飲食風俗慣習的內容進行去蕪存菁的修正、活化，建構具「當代性」
特質的論述。於此同時，更應積極運作「女食」文化成為臺灣「社
會想像共同體」之意識載具，建構為性別平權與國家整體利益服務，
具「政治性」特質的論述。對於面臨傳承危機的「女食」文化來說，
一個以保存為前提，同時顧及生產與消費兩端的「資產性」論述建
構亦是當務之急。於是，規劃一個兼具「當代性」、「政治性」與「資
產性」特質之臺灣當代「女食」文化論述極其重要。在此我必須強
調，這三大特質並不互斥，它們同時在現下的語言使用脈絡中 (the
linguistic context in the present) 互涉關聯彼此，藉以映照覆疊文化遺
產「原真性」依不同時空環境而變動挪移的概念。不僅如此，在理
論概念與實際操作的層次上也是一體兩面，隨時空脈絡、立場來產
生佔比的更動。對於個人、家庭、社群乃至於國族來說，企圖將文
化轉變為資產時，牽涉的即是策略變動與權力論述的運作。

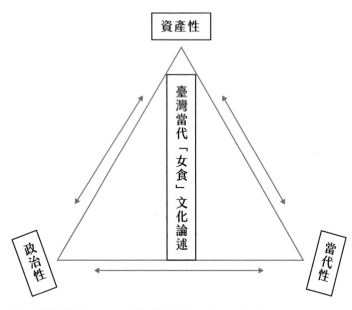

■ 臺灣當代「女食」文化論述運作圖 (資料來源：作者)

彰顯「當代性」的意涵

　　為解決臺灣「女食」的傳承問題，首先應打破其中僵化的性別分工界限、道德框架與社會主流價值觀。意即，將煮食勞務主體，熔煉入當代多元性別的光譜，不再以生理性別或是家務分工來思考，而是以分享、共食與相聚的喜悅為鑰，解開煮食勞務的責任與倫理枷鎖，不分性別地為妳（們），也為自己規劃健康飲食。讓烹飪成為個人與集體創意的行動展現，讓飲食成為當代情感交流的溝通場域，賦予「女食」文化論述在行動層面上的「當代性」意涵。

「女食」的料理內容方面，不應再僅以經、孕、產、乳為前提來設計，當援用強調任、衝二脈與肝、脾、腎的《內經》飲食原則，將關懷對象擴及不計畫生育、處於更年時期以及老年的女性。此外，為傳承珍貴的藥食同源知識，更要在當代的語彙脈絡下，積極溝通、轉譯五行生剋與現代營養學的對應，才能讓具傳統文化特色的「女食」，成為容易推廣的國民健康飲食教育。最後，歷經 COVID-19 疫情全球蔓延，培養烹飪技能或是飲食養生的知識，在居家隔離照護時更顯重要。俄羅斯侵略烏克蘭，戰況激烈時，也造成進口食材供應的不穩定、物價高漲，不但為島國臺灣亮起倚賴全球化貿易的警示燈，也彰顯出開發本地農漁牧養殖業、本土食材利用的「當代性」意涵與必要。

展現「政治性」的企圖

藉著所有研究參與者自身經驗與處境描述的交錯，關懷身／主體經驗與社會之間結構牽扯；同時，透過異己之間所呈現的局部客觀立場經驗，論證沒有全然客觀的知識存在，並轉化性別處境中的經驗體會，使之成為知識論的元素。事實上，這個臺灣當代「女食」文化論述建構，自始至終就都有著爭取個／整體利益的「政治性」企圖。從批判傳統異性戀體制思維下的性別分工，更期許關懷臺灣同性婚姻合法後，多元性別家庭內也將面臨的勞務分配與權力階級問題，以便翻轉家庭勞動人口社會位階低落的現狀，達到性別與勞

動平權的「政治性」企圖。不僅如此，更希望能夠立基於世界文化
遺產論述，提出以融合代替區隔，模糊定義才能消弭族／社群內外
部的衝突，避免隨菜色的材料或風味「原真性」等議題而產生的競
逐與分裂。落實讓擁有內部個別差異的「女食」文化共同體，藉煮
食創意為能動，配合相聚、分享、共食的社會實踐，使藥食同源的
知識與技術流轉於世代間，達成凝聚臺灣國族向心力的「政治性」
企圖。最後，更要以立場知識為取徑，重新檢視傳統漢醫婦科學與
現代婦科醫學對於女性健康知識體系的建構，並積極推動更年期醫
療與飲食規劃再研究，展現在醫學、社會學知識體系中為性別平等
而努力的「政治性」企圖。

擘畫「資產性」的策略

　　為傳承並強調臺灣「女食」文化的保存價值，維持「女食」的生產與消費、供需動態平衡之「資產性」策略規劃極為重要。首先應以當代消費者需求回饋為導向，在結合五行生剋與季節養生的概念下，利用臺灣本地當季的食材，賦予創意、開發出為女性生理各階段所設計的料理。一方面行銷臺灣物產，使「女食」成為國家重要文化與經濟資產，對內融合族群、凝聚向心力，對外展現自尊與榮耀。二方面將藥食同源的傳統智慧，融入當代食育知識系統，使其成為重要的文化教育資產。最後，以不分性別、身分的主體煮食、分享，在過程中傳承藥食同源的智慧，實踐性別平權也推廣了多元族群融合的概念，擘畫臺灣當代「女食」文化論述之為國族認同的「資產性」策略，繼而開拓出一條邁向申請世界無形文化遺產登錄的道路。

臺灣「女食」文化成為世界飲食文化遺產潛力項目

　　從本身的生命經驗與學科訓練背景出發，本書是偏重在性別議題與文化資產保存學門的跨域研究，更是一段從主體危機到文化認同的論述與書寫旅程。深切期盼，個人、社群團體、學術與政府相關單位，能夠共同努力解決因傳統性別分工與現代營養學發展所產生的傳承障礙，並效法他山之石，如申遺成功的法、墨與地中海各

國一般，先建構內部論述，動員國民認同本土飲食文化，從而建立國族自信心，讓臺灣「女食」文化成為潛力項目，為登錄世界飲食文化遺產做準備。以下提出政策與操作建議：

1. 為邁向開放多元、性別友善、權力平等的臺灣社會，行政與立法單位應推動勞務平權法案，落實「家務有給」、建立「家務勞動者年金」制度；

2. 以重構並修正女性身體健康論述為目標，國家學術研究單位應鼓勵中西醫學、營養學、人類社會學門等研究人員，跨領域進行女性更年期身心與文化的交互影響研究計畫；

3. 由農業專責部會輔導農林漁牧養殖從業人員開發多樣的當地食材，並廣邀現代營養學與食品科學相關人員投入研究，活用五行生剋的概念，規劃合乎時令養生的健康飲食。配合產銷經營管理人員的企劃，建立當代臺灣「女食」文化商品的系統生產線與行銷通路；

4. 以消費者需求回饋為導向，鼓勵並輔導廠商開發創意商品，研製安全實用的食療藥補半成品，並由國家食藥單位嚴格把關，為現代消費者縮短烹飪步驟與時間，跨越飲食文化知識與技術傳承的障礙；

5. 由教育與文化部會主導，效法法國飲食文化申遺過程，由官方輔導民間配合，成立推廣臺灣「女食」的非政府、非營利組織機構，以社群網絡的方式，鼓勵國民參與推廣臺灣「女食」文化教育活動；

6. 由文化資產管理單位主導，效法地中海飲食文化申遺過程，委任學者專家，系統性地書寫臺灣「女食」文化敘事；

7. 由文化資產管理單位與觀光局處主導，效法墨西哥飲食文化申遺過程，結合餐飲業與國內旅遊的團隊，向國內與國際促銷臺灣「女食」文化；

8. 由文化資產管理單位與地方政府配合，鼓勵以五行生剋為原則的飲食書寫，配合餐飲業者運用藥食同源的概念，運用臺灣各鄉鎮當季食材，依消費者口味與健康概念來調整風味，以活化臺灣「女食」的傳統菜色。

最後，希望不久的將來，更友善的國際政治環境時空出現時，這個具備「當代性」、「政治性」與「資產性」特質的「臺灣『女食』文化」，在人民與政府共同的努力下，終於登錄成為世界飲食文化遺產項目，讓我們可以在聯合國教科文組織的網頁上看到類似這樣的文字：

臺灣「女食」是淵遠流長的社會習俗，建立在藥食同源的基礎上，為關懷女性健康，針對調經、懷孕、生產、哺乳、更年期與高

齡保養等不同生理階段所設計的飲食內容。臺灣「女食」，配合著五行生剋的概念，利用臺灣當季、當地食材的食補形式與內容，不論是烹飪技術或是知識系統，都透過交流、互助，以及在餐桌上的相聚時刻分享、傳承給下一代。「女食」文化中藥食同源的智慧，自古以來就被運用於臺灣民眾的日常生活中，以書寫、以實踐的方式被活化、被保存。不但交織個人、家族與社群的文化記憶，更是族群認同的重要象徵。

不分性別，不分彼此，為別人更要為自己，一起「為妳（自己）煮／食」，在飲食的過程與內容中相聚、分享，終於成為臺灣全國人民充滿喜悅與成就感的「女食」文化承繼與社會日常實踐。

後記：故事，未完

〈玉山的甦醒〉

久病不一定會讓人成良醫，但久病會讓人懂珍惜。珍惜自己、珍惜身邊有緣認識的人、事、物，以及人間短短數十年光陰。「我們」是你／妳和我的組合體，「我們」這個你／妳和我關係也可能會在不同的情境脈絡中解離。或者，「我們」曾在餐桌上相聚、分

享佳餚，交換心情點滴。也或者，「我們」正在此書中相遇，或許你／妳找不到食譜，也尋不著養生祕方，可能不全然同意其中的論述，但「我們」卻仍會在某一個叙／故事裡相疼惜。

其實，博士論文寫作就像是長跑般，需要體力更應有配速的觀念。對我這樣一個患有癲癇與嚴重糖尿病，固定服藥、使用針劑都不一定能夠穩定病情的人，除了飲食控制之外，生活起居的安排與適度運動的維持也很重要。而家人的精神支持與鼓勵，更像是面臨低血糖時的一錠糖、一罐果汁，緊急所需、隨時必備。

就讀北藝大文新博士班期間，我的柴犬女兒 Yuki 負責規律全家的日常步調，晨起用餐、散步，陪我午餐後休息、接著閱讀寫作。她體內像是裝了鬧鐘般，會用小爪子搭上來，提醒伏案過久的我要起身活動，讓我就算在遭遇 writer's block（寫作瓶頸）時仍不至於生活失速、身體失衡。說她是我所有期刊論文與此書的共同作者，實不爲過。2023 年初 Yuki 癌逝，我與伴侶痛徹心扉，也讓我們更懂得要活在當下。本書能順利付梓，當要感謝三民書局的支持，尤其是培育副總編，與責編亮均的鼎力協助。

這幅《玉山的甦醒》，是我爲慶祝臺灣同婚法通過畫的。因爲另一半的名字裡有「玉」，我則是花草有「芬」芳，於是把自己幻化成前景的高山杜鵑，以符號的方式與她相映照，在一望無際、冷冽清新，人權意識甦醒的臺灣上空，期盼大家更廣闊包容地接納多元、傾聽彼此，因爲……

「我們」的**故事**，未完。

參考文獻

Haraway, D.（2010）。**猿猴・賽伯格和女人：重新發明自然**（張君玫譯）。群學。

Polanyi, M.（1985）。**博蘭尼講演集：人之研究・科學・信仰與社會・默會致知**（彭淮棟譯）。聯經。

Proust, M.（1992）。**追憶似水年華 I：在斯萬家那邊**（李恆基、徐繼曾譯）。聯經。

Young, I. M.（2006）。**像女孩那樣丟球：論女性身體經驗**（何定照譯）。商周。

一青妙（2014）。**日本媽媽的臺菜物語**（陳惠莉譯）。聯經。

小川直之（2019）。**「和食」是甚麼──無形文化遺產與食文化之承繼**。「飲食文化與無形文化資產研討會」發表之論文，臺中。

中央社（1993 年 4 月 6 日）。修碩博士男生遠比女生多：女性在治學的路途中仍未脫離傳統色彩。**中央日報**，第 10 版。

亓允文（2009）。「雄黃酒」與中國人的「藥補」思想。載於張珣（主編），**人神共飲：宗教與養生飲食**（頁 179–200）。中華飲食文化基金會。

文芸、傅朝卿（2013）。當代社會中遺產價值的保存與維護。**建築學報，84**，頁 77–96。

牛兵占、王振瑞、陳志強、方朝義（1997）。**中醫婦科名著集成**。華夏出版社。

王子輝（2009）。中國飲食文化的根本之道。載於王秋桂（主編），**飲食文化綜論**（頁81-104）。中華飲食文化基金會。

王安石（1979）。**王臨川文集附沈氏注**。鼎文書局。

王宣一（2016）。**國宴與家宴**。新經典圖文傳播。

王舒芸、王品（2014）。台灣照護福利的發展與困境：1990-2012。載於陳瑤華（主編），**台灣婦女處境白皮書：2014年**（頁29-76）。女書文化。

王進（2012）。**新歷史學文化詩學：格林布拉特批評理論研究**。暨南大學出版社。

司馬光（1966）。**叢書集成新編**。藝文印書館。

朱曉娟（2003）。**程朱學派與宋代婦女貞節觀之研究**。國立政治大學文學院中國文學系碩士論文。

江梅綺（2015）。**蘇軾飲食觀研究**。國立清華大學中國文學系碩士論文。

江潤祥、關培生（2009）。論高濂《遵生八牋》之養生思想與服食之修為。載於張珣（主編），**人神共飲：宗教與養生飲食**（頁159-178）。中華飲食文化基金會。

余文章、鄧小虎（2018）。**臧否饕餮：中國古代文學中的飲食書寫**（劉紫雲、姚華譯）。北京大學出版社。

余貞誼（2011）。我可能不夠女性主義：女性主義認同與實踐的敘事建構。**台灣社會學，21**，頁101-156。

余舜德（2019）。**製茶工匠技藝與無形文化遺產**。「飲食文化與無形文化資產研討會」發表之論文，臺中。

吳燕秋（2018）。民國時期婦女的家庭煮食勞動與飲食保健。**近代中國婦女史研究，31**，頁 55–106。

呂秀蓮（1976 年 3 月）。先做人，再做女人。**婦女雜誌**，頁 19。

巫仁恕（2007）。**品味奢華：晚明的消費社會與士大夫**。聯經。

巫仁恕（2018）。東坡肉的形成與流衍初探。**中國飲食文化，14**（1），頁 13–55。

李于芳（2016 年 1 月）。從《女誡》看班昭的女性觀。**青年時代**，頁 13–15。

李貞德（2008）。漢唐之間求子醫方試探——兼論婦科濫觴與性別論述。載於李貞德（主編），**性別、身體與醫療**（頁 79–158）。聯經。

李琴峰（2019）。**獨舞**。聯合文學

辛永清（2012）。**府城的美味時光：台南安閑園的飯桌**（劉姿君譯）。聯經。

松本清張（2019）。**砂之器**。獨步文化

林乃燊（1992）。**中國飲食文化**。南天書局。

林文月（1999）。**飲膳札記**。洪範書店。

林伯謙（2009）。素食與佛法行持。載於張珣（主編），**人神共飲：宗教與養生飲食**（頁 223–256）。中華飲食文化基金會。

林宜陵（2010）。蘇軾惠州時期飲食重蔬食因素探論。**東吳中文學報，19**，頁 213–230。https://doi: 10.29460/sjcs.201005.0009

林承緯（2019）。**飲食文化作為文化資產的可能：無形文化遺產與文化資產**。「飲食文化與無形文化資產研討會」發表之論文，

臺中。

林昭庚、陳光偉、周珮琪（2011）。**日治時期西元 1895–1945 の臺灣中醫**。國立中國醫藥研究所。

林昱瑄（2019）。做學術、做媽媽：學術媽媽的建制困境、協商策略與智性母職。**台灣社會學刊，66**，頁 125–180。

金璐璐（2019 年 2 月）。班昭《女誡》及其現代啟示。**商丘職業技術學院學報**，頁 40–43。

柳立言（1991）。淺談宋代婦女的守節與再嫁。**新史學，2**（4），頁 37–76。https://doi: 10.6756/nh.199112.0037

洪敏麟（1976）。纏腳與臺灣的天然足運動。**臺灣文獻，27**（3），頁 143–157。

翁玲玲（1993）。作月子的人類學探討：醫療功能與文化詮釋的關係。**婦女與兩性學刊，4**，頁 1–19。

翁玲玲（1999）。漢人社會女性血餘論述初探：從不潔與禁忌談起。**近代中國婦女史研究，7**，頁 107–147。

袁枚（1984）。**隨園食單**。中國商業出版社。

馬寶璋（2007）。**中醫婦科學**。中國中醫藥出版社。

崔玖、林麗美（2009）。台灣民間食物養生的探討。載於張珣（主編），**人神共飲：宗教與養生飲食**（頁 201–222）。中華飲食文化基金會。

張宇鈞（2021）。日治時期官方對臺灣漢人婦女月內飲食的影響。**政大史粹，36**，頁 73–93。https://doi: 10.30384/chnccu.202109_

（36）.0003

張珣（2007）。文化建構性別，身體與食物：以當歸為例。**考古人類學刊，67**，頁 71–116。

張珣（主編）（2009）。**人神共飲：宗教與養生飲食**。中華飲食文化基金會。

張麗俊（2000）。**水竹居主人日記（二）**。中央研究院近代史研究所。

戚世皓（1983）。辛亥革命與知識婦女。載於中央研究院近代史研究所（主編），**辛亥革命研討會論文集**（頁 267–288）。中央研究院近代史研究所。

教育部統計處（1996）。**中華民國大專院校歷屆畢業人數統計**。教育部統計處。

畢恆達（1998）。社會研究的研究者與倫理。載於嚴祥鸞、余漢儀、周雅容、畢恆達與胡幼慧（主編），**危險與秘密：研究倫理**（頁 31–83）。三民書局。

莊淑旂（2005）。**女人の三春【生理期・坐月子篇】**。時報文化。

莊淑旂（2006）。**女人の三春【更年期・銀髮族篇】**。時報文化。

許木柱、簡美玲（2009）。飲食與文化——人類學觀點的回顧與展望。載於王秋桂（主編），**飲食文化綜論**（頁 55–80）。中華飲食文化基金會。

郭松義（2001）。清代婦女的守節和再嫁。**浙江社會科學，1**，頁 124–132。

陳玉箴（2016）。從「家務」到「勞動商品」：臺灣家庭晚餐型態

變遷的考察 (1980–2013)。**臺灣學誌，13**，頁 71–103。

陳玉箴（2020）。**「台灣菜」的文化史：食物消費中的國家體現**。聯經。

陳東原（1997）。**中國婦女生活史**。商務。

陳儀芬（2021）。構思傳統工藝的數位遊戲學習模式。載於張崑振、吳南葳（主編），**有形與無形之間：跨越科際的文化資產保存**（頁 85–100）。國立臺北科技大學。

陳儀芬、孫秀蕙（2009）。在總督府陰影下：台灣廣告史論述回顧、性別觀點的反思和研究芻議。**新聞學研究，98**，頁 295–318。https://doi: 10.30386/mcr.200901_（98）.0007

陳儀芬、孫秀蕙（2010a）。被框架的女性意象：上海月份牌廣告畫的圖像符號分析。**廣告學研究，34**，頁 25–63。https://doi: 10.30412/tjapr.201007_（34）.0002

陳儀芬、孫秀蕙（2010b）。The female images in the print advertisements during the Japanese colonial period in Taiwan: A pictorial semiotic analysis。**台灣學誌，2**，頁 27–47。https://doi: 10.6242/twnica.2.2

陳儀芬、孫秀蕙（2013）。「女性美」論述之建構：以《臺灣日日新報》化妝品廣告為例。**廣告學研究，40**，頁 109–147。

陳儀芬、孫秀蕙（2016）。1968–1978 年臺灣《婦女雜誌》的女性論述建構。**傳播與社會學刊，35**，頁 57–100。

陳儀芬、孫秀蕙（2017）。〈幸福〉概念の構築。載於国際シンボ

ジウム報告書編輯委員会（主編），**新聞廣告の視覺文化論：日本製品が約束する幸福のかたち**（頁 131–155）。協和印刷。

陳儀芬、孫秀蕙、王湘婷（2014）。再現「現代女性」：日治時期《臺灣婦人界》的廣告圖像符號研究。載於吳詠梅、李培德（主編），**圖像與商業文化：分析中國近代廣告**（頁 207–232）。香港大學出版社。

陳儀芬、孫秀蕙、阮理瑛（2021）。殖民時期女性「疾病」、「身體」與「健康」的符號運作策略與論述建構：以《臺灣日日新報》女性醫藥廣告為例。**科技、醫療與社會，33**，頁 57–120。

陶立璠（1987）。**民俗學概論**。中央民族學院出版社。

傅培梅、程安琪（主編）（1984）。**培梅家常菜**。三友圖書。

游鴻裕（1990）。**經濟發展、婦女就業與家庭變遷：臺灣經驗之觀察**。臺灣師範大學三民主義研究所博士論文。

游鑑明（1994）。**走過兩個時代的台灣職業婦女訪問紀錄**。中央研究院近代史研究所。

琦君（1984）。三更有夢書當枕。爾雅。

琦君（1998）。**永是有情人**。九歌。

逯耀東（1993）。北魏《崔氏食經》的歷史與文化意義。載於**中國飲食文化學術研討會論文集（第一屆）**（頁 13–38）。中華飲食文化基金會。

黃季平（2006）。做月內與坐月子中心—舊民俗轉為新產業。**民俗曲藝，152**，頁 139–174。https://doi: 10.30157/jcrtf.200606.0004

黃婉玲（2019）。**總鋪師辦桌：再現老台菜的美味記憶**。健行文化。

楊玉君（2009）。避疫養生與節日飲食。載於張珣（主編），**人神共飲：宗教與養生飲食**（頁 275-304）。中華飲食文化基金會。

楊亮梅、陳俊民（2016）。大學生運動參與程度、運動場館滿意度及意象之研究：女性觀點的探討。**嘉大體育健康休閒期刊，15**（2），頁 1-13。https://doi: 10.6169/ncyujpehr.15.2.01

葉素汝（2008）。失落的運動場——女性運動員的性別角色衝突。**諮商與輔導，271**，頁 59-61。https://doi: 10.29837/cg.200807.0023

董家遵（1990）。**中國古代婚姻史研究**。廣東人民出版社。

趙建民、梁慧（2014）。**中國烹飪概論**。輕工業出版社。

遠流台灣館（主編）（2000）。**台灣史小事典**（吳密察監修）。遠流。

劉力紅（2019）。**思考中醫**。香港中文大學出版社。

劉思量（2009）。五行終始、五味調和——中國飲食美學初探。載於王秋桂（主編），**飲食文化綜論**（頁 27-54）。中華飲食文化基金會。

劉敏如（2007）。**中醫婦科學**。人民衛生出版社。

劉璧榛（2007）。稻米、野鹿與公雞：噶瑪蘭人的食物、權力與性別象徵。**考古人類學刊，67**，頁 43-70。

蔡荷芳（2009 年 4 月）。論班昭《女誡》的創作背景。**淮北師範大學學報**，頁 73-80。

盧葦菁（2010）。**矢志不渝：明清時期的貞女現象**。人民出版社。

賴守誠（2019）。**臺灣客家飲食文化資產的建構、形成與發展**。「飲食文化與無形文化資產研討會」發表之論文，臺中。

謝小芩（1998）。性別與教育期望。**婦女與兩性學刊，9**，頁 205-231。

謝世淵、洪琇雅（2019）。**臺灣辦桌：飲食成為無形文化資產的架構與解讀**。「飲食文化與無形文化資產研討會」發表之論文，臺中。

謝依玲（2006）。二次戰後臺灣女子高等教育發展之研究——以實踐家政專科學校與臺南家政專科學校為例（1958–1985）。載於**國立新竹教育大學教育學系碩士班論文集年刊第十三集**（頁 77-405）。

謝深甫等（1975）。**慶元條法事類**。新文豐出版社。

顏水龍（2017）。**臺灣工藝**。國立臺灣工藝研究發展中心。

羅元愷（2003）。**中醫婦科學**。知音出版社。

饒宗穎（2009）。從出土資料談古代養生與服食之道。載於張珣（主編），**人神共飲：宗教與養生飲食**（頁 257–274）。中華飲食文化基金會。

Adler, E. M. (1983). Creative eating: The Oreo syndrome. In M. O. Jones (Ed.), *Foodways and eating habits: Directions for research* (pp. 4–10). California Folklore Society.

Aikawa, N. (2004). An historical overview of the preparation of the UNESCO International Convention for the Safeguarding of the

Intangible Cultural Heritage. *Museum International, 56*(1–2), 137–149.

Akagawa, N. (2018). National identity, culinary heritage and UNESCO: Japanese washoku. In N. Akagawa & L. Smith (Eds.), *Safeguarding intangible heritage: Practices and politics* (pp. 200–217). Routledge.

Alba, R. (1990). *Ethnic identity: The transformation of white America.* Yale University Press.

Anderson, B. (2006). *Imagined communities: Reflections on the origin and spread of nationalism.* Verso Books.

Anderson, J. A. (1971). Scholarship on contemporary American folk foodways. *Ethnologia Europaea 5*(1), 56–63. https://doi.org/10.16995/ee.3245

Arnold-de-Simine, S. (2013). *Mediating memory in the museum: Trauma, empathy, nostalgia.* Palgrave Macmillan.

Bakalian, A. (1993). *Armenian–Americans: From being to feeling Armenian.* Transaction Books.

Barth, F. (1969). *Ethnic groups and boundaries: The social organization of cultural difference.* Little, Brown and Company.

Barthes, R. (1967). The discourse of history (S. Bann, Trans.). In *Comparative criticism: A yearbook 3* (pp. 7–20). Cambridge University Press.

Bashkow, I. (2004). A neo-Boasian conception of cultural boundaries.

American Anthropologist, 106(3), 443–458.

Bendix, R., Eggert, A., & Peselmann, A. (2013). *Heritage regimes and the state.* Göttingen University.

Bennett, J. W. (1946). An interpretation of the scope and implications of social scientific research in human subsistence. *American Anthropologist, 48*(4), 553–573.

Bennett, J. W., Smith, H. L., & Passin, H. (1942). Food and culture in southern Illinois––A preliminary report. *American Sociological Review, 7*(5), 645–660. https://doi.org/10.2307/2085690

Boorstin, S. (2002). *Let us eat cake: Adventures in food and friendship.* Regan Books.

Bortolotto, C. (2013). French inventory of intangible cultural heritage: Domesticating a global paradigm into French heritage regime. In R. Bendix, A. Eggert, & A. Peselmann (Eds.), *Heritage regimes and the state* (pp. 265–282). Universitätsverlag Göttingen.

Broccolini, A. (2013). Intangible cultural heritage scenarios within the bureaucratic Italian state. In R. Bendix, A. Eggert, & A. Peselmann (Eds.), *Heritage regimes and the state* (pp. 283–301). Universitätsverlag Göttingen.

Brulotte, R. L., & Di Giovine, M. A. (2016). *Edible identities: Food as cultural heritage.* Routledge.

Butler, J. (2011). *Gender trouble: Feminism and the subversion of identity*. Routledge.

Caldwell, M. L. (2002). The taste of nationalism: Food politics in postsocialist Moscow. *Ethnos, 67*, 295–319.

Carrington, C. (1999). *No place like home: Relationships and family life among lesbians and gay men*. The University of Chicago Press.

Crispin, J. (2017). *Why I am not a feminist: A feminist manifesto*. Melville House.

de Miguel Molina, M., de Miguel Molina, B., Santamarina Campos, V., & del Val Segarra Oña, M. (2016). Intangible heritage and gastronomy: The impact of UNESCO gastronomy elements. *Journal of Culinary Science & Technology, 14*(4), 293–310.

Denzin, N. K. (1994). Chan is missing: The Asian eye examines cultural studies. *Symbolic Interaction, 17*, 63–89.

DeSoucey, M. (2010). Gastronationalism: Food traditions and authenticity politics in the European Union. *American Journal of Sociology, 75*, 432–455.

Di Giovine, M. A. (2014). World heritage objectives and outcomes. In C. Smith (Ed.), *Encyclopedia of global archaeology* (Vol. 11, pp. 7894–7903). Springer.

Dikötter, F. (1995). *Sex, culture, and modernity in China: Medical science and the construction of sexual identities in the early republican period*. University of Hawaii Press.

Eisenstein, Z. R. (1988). *The female body and the law*. University of California Press.

Eller, J. D. (1999). *From culture to ethnicity to conflict: An anthropological perspective on ethnic conflict*. The University of Michigan Press.

Ellis, C. (1995). Emotional and ethical quagmires in returning to the field. *Journal of Contemporary Ethnography, 24*(1), 68–98.

England, K. V. L. (1994). Getting personal: Reflexivity, positionality, and feminist research. *Professional Geographer, 46*(1), 80–89.

Eriksen, T. H. (1992). *Us and them in modern societies: Ethnicity and nationalism in Mauritius, Trinidad and beyond*. Scandinavian University Press.

Errington, S. (1990). Recasting sex, gender, and power: A theoretical and regional overview. In J. M. Atkinson & S. Errington (Eds.), *Power and difference* (pp. 1–58). Stanford University Press.

Foucault, M. (1990). *The history of sexuality: An introduction, vol. I*. Vintage.

Foucault, M. (2012). *Discipline and punish: The birth of the prison*. Vintage.

Foucault, M. (2013). *Archaeology of knowledge*. Routledge.

France. (2014). *Periodic Report No. 0824/ France*. UNESCO.

Friedensohn, D. (2006). *Eating as I go: Scenes from America and abroad*. University Press of Kentucky.

Friedman, M. (1995). Multi-culture education and feminist ethics. *Hypatia, 10*(2), 56–68.

Furth, C. (1986). Blood, body and gender: Medical images of the female conditions in China, 1600–1850. *Chinese Science, 7*, 43–66.

Gabaccia, D. (1998). *We are what we eat: Ethnic foods and the making of Americans.* Harvard University Press.

Gellner, E. (1964). *Thought and change.* The University of Chicago Press.

Greenblatt, S. (1990). *Learning to course.* Routledge.

Hafstein, V. T. (2009). Intangible heritage as a list. In L. Smith & N. Akagawa (Eds.), *Intangible heritage* (pp. 142–175). Routledge.

Harding, S. (1991). *Whose science? Whose knowledge?: Thinking from women's lives.* Cornell University Press.

Helstosky, C. (2004). *Garlic and oil: Food and politics in Italy.* Berg.

Hiroko, T. (2008). Delicious food in a beautiful country: Nationhood and nationalism in discourses on food in contemporary Japan. *Studies in Ethnicity and Nationalism, 8*, 5–30.

Hobsbawm, E. (2000). Introduction: Inventing traditions. In E. Hobsbawm, & T. Ranger (Eds.), *The Invention of tradition* (pp. 1–14). Cambridge University Press.

Howard, P. (1994, 1994/03/01). The heritage discipline. *International*

Journal of Heritage Studies, 1(1), 3–5. https://doi.org/10.1080/13527259408722125

Howard, P. (2003). *Heritage: Management, interpretation, identity.* Continuum.

Kandiyoti, D. (1991). Bargaining with patriarchy. In J. Lorber & S. Farrell (Eds.), *The Social construction of gender* (pp. 104–118). Sage.

Karamcheti, I. (1993). The Graves of academe. In Women of South Asian Descent Collecive (Eds.), *Our feet walk the sky: Women of the South Asian diaspora.* Aunt Lute Books.

Karaosmanoglu, D. (2007). Surviving the global market: Turkish cuisine "under construction". *Food, Culture and Society* (10), 425–448.

Kirshenblatt-Gimblett, B. (2004). Intangible heritage as metacultural production. *Museum International, 56*(1–2), 52–65.

Kymlicka, W. (1995). *Multicultural citizenship: A liberal theory of minority rights.* Clarendon Press.

Kymlicka, W. (2001). *Politics in the vernacular: Nationalism, multiculturalism, and citizenship.* Oxford University Press.

Levy, P. (1998). *The civil rights movement.* Greenwood Press.

Lock, M. (1993). *Encounters with aging: Mythologies of menopause in Japan and North America.* University of California Press.

Lowenthal, D. (1985). *The past is a foreign country.* Cambridge University Press.

Lowenthal, D. (1998). *The heritage crusade and the spoils of history.* Cambridge University Press.

Lu, S., & Fine, G. A. (1995). The presentation of ethnic authenticity: Chinese food as a social accomplishment. . *The Sociological Quarterly, 36*(3), 535–553.

Matta, R. (2016). Food incursions into global heritage: Peruvian cuisine's slippery road to UNESCO. *Social Anthropology, 24*(3), 338–352.

Medina, F. X. (2009). Mediterranean diet, culture and heritage: Challenges for a new conception. *Public Health Nutrition 12*(9A), 1618–1620.

Medina, F. X. (2017). Reflexiones sobre el patrimonio y la alimentación desde las perspectivas cultural y turística. *Anales de antropología, 51*(2), 106–113.

Messer-Davidow, E. (2002). *Disciplinging feminism: From social acitivism to academic discourse.* Duke University Press.

Moi, T. (1999). *What is a woman? And other essays.* Oxford University Press.

Moncusí, A., & Santamarina Campos, B. (2008). Bueno para comer, bueno para patrimonializar. In M. Álvarez & F. X. Medina (Eds.), *Identidades en el plato* (pp. 127–141). Icaria.

Narayan, U. (1997). *Dislocating cultures: Identities, traditions, and Third-World feminism.* Routledge.

Nora, P. (1989). Between memory and history: Les lieux de mémoire. *Representations, 26*, 7–24.

Nuryanti, W. (1996). Heritage and postmodern tourism. *Annals of Tourism Research, 23*(2), 249–260.

Park, H. Y. (2013). *Heritage tourism*. Routledge.

Paskaleva, E. (2015). Ideology in brick and tile: Timurid architecture of the 21st century. *Central Asian Survey, 34*(4), 418–439.

Pearce, S. (1998). The construction of heritage: The domestic context and its implications. *International Journal of Asian Studies, 4*, 86–102.

Proschan, F. (2007). Basic challenges of sustaining intangible heritage. In C. Haddad (Ed.), *UNESCO-EIIHCAP Regional Meeting Report (Safeguarding Intangible Heritage and Sustainable Cultural Tourism: Opportunities and Challenges)* (pp. 17–22). UNESCO and EIIHCAP.

Reichl, R. (2010). *Tender at the bone: Growing up at the table*. Random House.

Reinharz, S. (2017). *On becoming a social scientist: From survey research and participant observation to experimental analysis*. Routledge. https://doi: 10.4324/9781315125497

Romagnoli, M. (2019, 12/01). Gastronomic heritage elements at UNESCO: Problems, reflections on and interpretations of a new heritage category. *International Journal of Intangible Heritage, 14,* 157–171.

Said, E. (1978). *Orientalism: Western concepts of the Orient.* Penguin.

Sampson, E. (1993). *Celebrating the other: A dialogic account of human nature.* Westview Press.

Seaman, G. (1981). The sexual politics of karmic retribution. In E. M. Ahern & H. Gates (Eds.), *The anthropology of Taiwanese society* (pp. 381–396). Stanford University Press.

Skultans, V. (1988). Menstrual symbolism in South Wales. In T. Buckley & A.Gottlieb (Eds.), *Blood magic: The anthropology of menstruation* (pp. 137–160). University of California Press.

Smith, C. D., & Kornblum, W. (Eds.). (1996). *In the field: Readings on the field research experience.* Praeger.

Smith, D. E. (1990). *The conceptual practices of power: A feminist socioloy of knowledge.* Northeastern University Press.

Smith, L. (2006). *Uses of heritage.* Routledge.

Smith, L. (2008). Heritage, gender and identity. In B. Graham & P. Howard (Eds.), *The Ashgate research companion to heritage and identity* (pp. 159–178). Ashgate.

Sumner, W. G. (2019). *Folkways: A study of the sociological importance of usages, manners, customs, mores, and morals.* Good Press.

Sutton, D. E. (2001). *Remembrance of repasts: An anthropology of food and memory*. Berg.

Taylor, C. (1989). *Sources of the self: The making of the modern identity*. Cambridge University Press.

Tornatore, J. (2013). Anthropology's payback: "The gastronomic meal of the French," the ethnographic elements of a heritage distinction. In R. Bendix, A. Eggert, & A. Peselmann (Eds.), *Heritage regimes and the state* (pp. 341–365). Universitätsverlag Göttingen.

Turgeon, L. (2010). Introduction. Du matériel à l'immatériel. Nouveaux défis, nouveaux enjeux. *Ethnologie française, 40*(3), 389–399.

Wang, H. (2004). National culture and its discontents: The politics of heritage and language in Taiwan, 1949–2003. *Comparative Studies in Society and History, 46*(4), 786–815.

Waterton, E. (2009). Sights of sites: Picturing heritage, power and exclusion. *Journal of Heritage Tourism, 4*(1), 37–56.

Wilk, R. (1999). "Real Belizean food": Building local identity in the transnational Caribbean. *American Anthropologist, 101*, 244–255.

Williams-Forson, P. (2006). *Building houses out of chicken legs: Black women, food, & power*. The University of North Carolina Press.

Williams-Forson, P., & Counihan, C. (Eds.). (2011). *Taking food public: Redefining foodways in a changing world*. Routledge.

Winegardner, M. (Ed.). (1998). We are what we ate: Twenty-four memories of food. Harcourt Brace.

「女食聊天計畫」研究參與者（基本資料）

化名	訪談日期	出生年份	職業	教育程度	出生地	成長地
黎佩	2020/07/06	1964	大學教師	博士	臺北	臺北
劉倩	2020/07/08	1968	醫師	大學	樹林	樹林
邱子薇	2020/07/10	1998	美髮師	高中	南投	臺中
胡麗芬	2020/07/10	1976	家庭主婦	碩士	臺北	林口
李靜	2020/07/11	1960	大學教師	博士	臺北	臺北
羅馨荼	2020/07/15	1994	博士生	博士生	高雄	高雄
吳雪芬	2020/07/17	1979	大學助教	碩士	嘉義	臺南
蘇韻潔	2020/07/17	1992	碩士生	碩士生	宜蘭	宜蘭
林嘉慧	2020/07/17	1984	專案助理	碩士	臺北	臺北
徐真	2020/07/19	1963	大學教師	博士	苗栗	苗栗
詹家珊	2020/07/19	1982	公關公司	碩士	臺北	臺北
許亮君	2020/07/19	1984	外商公司	碩士	臺北	臺北
王羽芮	2020/07/19	1984	中華電信	碩士	臺北	臺北
王懿琳	2020/07/19	1984	電商平台	碩士	板橋	板橋
余品貞	2020/07/19	1985	廣告公司	碩士	臺北	臺北
嚴淑菫	2020/07/19	1989	翻譯	碩士	臺北	臺北
洪靜嫻	2020/07/19	1989	警察	大學	臺北	臺北
李秀晴	2020/07/22	1979	油畫老師	大學	中和	中和
林美芳	2020/07/23	1970	科技業	大學	新竹	竹苗
曾玉綺	2020/07/24	1932	退休教師	師範	浙江	浙江
蔡碧純	2020/07/25	1958	家庭主婦	小學	雲林北港	雲林北港
簡婉玲	2020/08/10	1988	月嫂	專科	新店	新店
何佳琪	2020/08/10	1988	家庭主婦	大學	三重	三重

張婷柔	2020/08/12	1978	醫師	大學	汶萊	汶萊
陳敏莉	2020/08/12	1976	醫師	大學	臺中	臺中
趙欣	2020/08/16	1968	醫師	大學	高雄	高雄
孫蓉	2020/08/16	1968	醫師	大學	桃園	臺北
李筱喬	2020/09/04	1981	大學助教	碩士	木柵	木柵
沈妤雁	2020/0/904	1980	大學助教	碩士	雲林北港	雲林北港
吳美森	2021/09/21	1939	退休護理師	護校	屏東	屏東
蕭芳	2021/12/11	1962	營養師	碩士	彰化	彰化
黃文君	2022/01/23	1972	營養師	大學	臺北	臺北

禮帽與彩票：
上海灘的賽馬與社會風貌

張寧／著

**聲色滿溢十里洋場，勝負僅在毫釐之間
一起回到上海灘，
那紙醉金迷的租界生活！**

在西方列強的掌控之下，租界變成「國中之國」、「法外有法」的特殊場域，隱藏在其中的發達機會與滿盈財富，更吸引商業巨賈、黑道幫派、市井小民在此聚首。經典電視劇《上海灘》裡，繁華又放浪的舞廳、賭場、百貨公司如雨後春筍般開張營業，除了滿足人們的欲望，也代表身分地位、階級與財富的流轉。

在這些窮盡豪奢的娛樂裡，「賽馬」這項充滿速度、技巧與激情的競技運動被洋商引入，在上海租界生根發芽。場中馬匹奔馳競速；場外觀眾更是成日吶喊助威、血脈賁張，不僅期望支持的馬匹率先衝線，更希望自己手上那張彩票能夠換回鉅額財富！

史坎德：幽魂騎手

A.F. 史黛曼(A.F. Steadman)／著　吳華／譯

**「史坎德系列」二部曲火熱展開！
不是英雄式的登場，但有最堅實的意念！
崛起的獨角魔獸時代，
不祥與救贖同時來臨！**

史坎德終於夢想成真，成為一名獨角獸騎手！同時在得知失落已久的祕密後，史坎德決心無論如何都要幫助姐姐肯娜尋找命定獨角獸，回歸島嶼的召喚。然而，新的威脅撲面而來。史坎德和夥伴們抵達禽巢的第二年，不朽的野生獨角獸竟然死於非命，吟遊詩人的預言也揭露島嶼將陷入重重危機：元素毀滅蠢蠢欲動，不祥之氣籠罩島嶼……。

先秦諸子戀愛大師班

白品鍵／著

不論你是被分手、暈船中、
慘遭PUA、還是出軌……
那些青少年暈到不行的感情問題，
隱藏版戀愛家教孔孟，
立刻為你一對一解答！

同學A：他寧可坐在山上對小溪發呆，也不願意跟我出去散散步、逛街！
孔子曰：「推己及人」諸位都知道厚？但怎麼就學不會捏？

同學B：明明就是好朋友，但暗戀好朋友需要這麼辛苦嗎？
荀子曰：名不正、言不順的戀愛，通通是耍流氓啦！

同學C：我出軌了，總之犯了全天下男人都會犯的錯。
孟子曰：所以我說你有要改進嗎？還是正在準備下一站，劈腿？

清代小偷操作攻略

巫仁恕、吳景傑／著

逍遙法外、來去無蹤，
做賊也是一門專業？
開鎖破牆、倒櫃翻箱，
犯罪只為速速發財！

櫛比鱗次的店鋪下，潛伏著一批「身懷奇技」的法外之徒！清代巴縣作為大江南北
貿易樞紐、往來四川雲貴地區的必經要道，光鮮亮麗的熱鬧大街匯聚各路商賈鉅
子，卻也成為犯罪滋生的溫床……。這群小偷們如何挑選受害者？如何神不知鬼不
覺地竊走財物？遭竊者該怎麼報案？官府又有哪些處理方式？讓我們從今日留存的
衙門檔案中，窺探城市最陰暗的角落，揭開盜匪不為人知、更不欲人知的一面！

走！去雜貨店買故事：
博物館X高中協作的臺南地方學

謝仕淵／總策畫

自風和日暖的鹽分地帶，
到鬱鬱蔥蔥的淺山地區，
一路探尋老店隱藏的生命故事，
找回與地方的情感連結

★入選第84梯次「好書大家讀」

你印象中的雜貨店，是什麼樣子？是店主親切的鄰里補給站？還是空氣中瀰漫甜味、香氣與笑聲的歡樂國度？有人說，在隨處可見連鎖商店的時代裡，雜貨店終將走入歷史，但在人聲鼎沸的市場、遲暮再生的眷村、人口外移的海濱，無論何處，總有家雜貨店靜靜佇立著，與地方一同生息，照顧當地人的需求，陪伴地方邁向未來……這間店才沒這麼容易被時間淘汰！

永遠的先行者：林布蘭

韓秀／著

★美國總統國家與社會貢獻獎金獎得主★
韓秀　傾情鉅獻

從一畫成名驚天下，到窮愁潦倒無人問
他是時代的孤勇者，更是西方藝術史的先行者

林布蘭（Rembrandt, 1606-1669）生於荷蘭萊登，以色彩鮮明的版畫與精湛的銅版蝕刻技術聞名於世，為巴洛克時期最具代表性的藝術家之一。早期善於以「明暗對照法」繪製栩栩如生的肖像，受到當時許多人推崇。

但好景不長，因為受妻兒接連過世的打擊，1640年之後，林布蘭的畫筆不再濃墨重彩，他的畫布變得灰暗，人物形象追求自然、更加忠於原貌——但這樣的轉變卻也讓他從此跌落畫壇。

荷蘭的風帆正在黃金時代的浪潮中駛向全世界，林布蘭的人生卻陷入了暗無星月的夜晚。財務狀況每下愈況；到了人生的終章，林布蘭甚至必須割愛珍貴的異國收藏、不斷遷居……。

曙光：來自極東祕境的手札
【臺灣第一本馬崗紀實作品】

陳凱琳／著

**吳濁流文藝獎、後生文學獎得主
——陳凱琳之力作
耗費心力的田野紀實作品，
讓世界看見臺灣的美麗與哀愁**

★本書獲選2022法蘭克福書展臺灣館「非文學類書籍」主題書區選書★

馬崗，一個位於三貂角下的神祕漁村，日日迎接著臺灣本島上的第一道曙光。

半圓形的寶螺馱著星河，清晨的海面才剛剛照上一輪曙光，腳印在琥珀的月色中踏出深淺不一的步伐。

阿嬤帶著孫女在海岸上撿拾寶螺，從浪花中、礁石縫，從極東潮濕的海坪上，拾起古老傳說，傳遞著生存的智慧，這是屬於馬崗人特有的記憶。

三民網路書店
百萬種中文書、原文書、簡體書
任您悠游書海
領 200元折價券
打開一本書
看見全世界
sanmin.com.tw

國家圖書館出版品預行編目資料

為妳煮食：我們的「女食」故事／陳儀芬著.一一初
版一刷.一一臺北市：三民，2024
　　面；　　公分.一一（島讀）

ISBN 978-957-14-7747-3 （平裝）
1.飲食風俗 2.烹飪 3.文化史

538.709　　　　　　　　　　　112021518

島讀

為妳煮食：我們的「女食」故事

作　　者	陳儀芬
封面插圖	Cukpow
責任編輯	郭亮均
美術編輯	黃子庭

創 辦 人	劉振強
發 行 人	劉仲傑
出 版 者	三民書局股份有限公司 (成立於 1953 年)

三民網路書店
https://www.sanmin.com.tw

地　　址	臺北市復興北路 386 號　　（復北門市）　(02)2500–6600
	臺北市重慶南路一段 61 號 (重南門市)　(02)2361–7511
出版日期	初版一刷 2024 年 5 月
書籍編號	S811750
I S B N	978-957-14-7747-3

法律顧問　北辰著作權事務所　蕭雄淋律師
著作權所有，侵害必究
※ 本書如有缺頁、破損或裝訂錯誤，請寄回敝局更換。

三民書局